IHR SOLLT MEIN VOLK SEIN

DIE EINZIGARTIGE GESCHICHTE DER JUDEN

Gestaltung: Peter Wyart

Deutsch von: Wolfgang Günter

Satz: Graphische Werkstätten Lehne,
Grevenbroich

Gedruckt in Singapur

ISBN: 3-417-24354-8

Bildnachweis

Tim Dowley: S. 3, 6, 9, 10, 13, 15, 16, 17, 32, 35, 36, 37, 38, 39, 40, 41, 42, 43, 51, 66, 67, 80, 84, 88, 89, 92
Illustrated London News: S. 25, 79
Mary Evans Picture Library: S. 20
Weizmann Institute: S. 76
Peter Wyart: S. 1, 12, 14, 18, 27, 28, 30, 34, 44, 45, 47, 56, 58, 62, 64, 65, 69, 71, 72, 85

Israel Government Press Office
S. 63, 81, 87, 97
Sa'ar Ya'acov S. 53, 55, 59, 91, 111,117,118
Koren Ziv S. 57, 61
Amos Ben Gersom S. 75
Kluger Zoltan S. 77, 78, 96
Seymour Katcoff S. 93
Harnik Nati S. 99, 100
Eldan David S. 109

IHR SOLLT MEIN VOLK SEIN

DIE EINZIGARTIGE GESCHICHTE DER JUDEN

Roelof Posthuma

INHALTSVERZEICHNIS

ZERSTREUT UNTER DEN VÖLKERN

Ein geschichtlicher Abriss der jüdischen Diaspora

PALÄSTINA

Zu Beginn des christlichen Zeitalters schrieb der griechische Historiker und Geograph Strabo, dass es kaum einen Ort auf der Erde gebe, an dem man keine Juden finden könne. Es gibt keinen Grund, diese Behauptung zu bezweifeln. Das Volk des Bundes hatte das verheißene Land um 1200 v. Chr. unter Josua eingenommen, und etwa 200 Jahre später brach unter David und Salomo eine Blütezeit für das Königreich an. Im Lauf der nächsten tausend Jahre wurde das Reich geteilt. Die Assyrer führten 720 v. Chr. die zehn Stämme des Nordreichs Israel ins Exil, Juda wurde 586 v. Chr. von den Babyloniern weggeführt. Außerdem flohen viele Juden aus Angst vor den Babyloniern nach Ägypten (Jeremia 44).

Nachdem Babylonien 538 v. Chr. an die Perser gefallen war, durften sie in ihr Land heimkehren, aber nicht alle Juden nahmen diese Möglichkeit wahr. Doch selbst diejenigen, die im Ausland blieben, verstanden Jerusalem und den von Serubbabel wieder erbauten Tempel als Mittelpunkt ihres geistlichen Lebens.

Als Alexander der Große um 320 v. Chr. Persien und Ägypten besiegte und ein hellenistisches Weltreich begründete, zogen viele Juden nach Westen. Nach und nach entstanden überall an der afrikanischen Nordküste jüdische Gemeinschaften, die eine bedeutende Rolle im wirtschaftlichen und kulturellen Leben spielten. Die Hafenstadt Alexandria in Ägypten war für das jüdische Leben die bei weitem wichtigste Stadt außerhalb des verheißenen Landes.

Der Pfingstbericht in der Apostelgeschichte (2,1-13) gibt einen Eindruck davon, wo sich Juden im Römischen Reich

Das Gebirge Juda im Osten Hebrons. Israel nahm das verheißene Land zum ersten Mal unter Josua in Besitz (ca. 1200 v. Chr.).

überall niedergelassen hatten. Um das Bild zu vervollständigen, muss man noch hinzufügen, dass es auch in den westlichen und nördlichen Teilen des Reichs, in Gallien und Germanien Juden gab. In dieser Zeit waren es reisende jüdische Kaufleute, die den Kontakt zwischen den verschiedenen Gemeinden aufrechterhielten.

Die Zusammenfassung in der Apostelgeschichte beweist auch, dass Jerusalem als Zentrum des Judentums nie in Frage gestellt wurde. Die Pilgerfeste (*Passah, Schawuot* und *Sukkot,* siehe Kapitel über die jüdischen Feste), bei denen der Tempel eine entscheidende Rolle spielte, besaßen eine starke Integrationskraft für das Volk, sogar in der Zeit des Exils.

70 n. Chr. allerdings war es mit der Einheit des Judentums schlagartig vorbei, jedenfalls was die äußeren Symbole anging. Mit der Zerstörung des Zweiten Tempels verschwand das sichtbare Herzstück des jüdischen Glaubens. Ohne den Tempel gab es auch keine Pilgerreisen mehr, und man musste die Tradition auf eine andere, geistliche Weise am Leben erhalten.

Der jüdische Aufstand: 66–74 n. Chr.

Für den jüdischen Aufstand gegen die römische Oberherrschaft 66–74 n. Chr. gab es verschiedene Gründe, vor allem die korrupte Verwaltung und die willkürlichen Schikanen der Statthalter. Außerdem musste der römische Kaiser als Gottheit angebetet werden; diesem Tyrannen aber täglich Opfer darzubringen, war für einen gläubigen Juden schlichtweg nicht hinnehmbar. Schließlich kam es zwischen der griechischen und der jüdischen Bevölkerung in Cäsarea und anderen Städten zu Reibereien.

So begann es im Volk zu brodeln. Militante jüdische Widerstandsgruppen wie die *sicarii* und die Zeloten bekamen immer mehr Zulauf. Als die Entwicklung sich 66 n. Chr. zuspitzte, trat die Bevölkerung mehrheitlich diesen Gruppen bei.

Die Rebellen konnten zunächst erstaunliche Erfolge verzeichnen, besonders in Galiläa und Judäa: Jerusalem wurde von den Römern zurückerobert, und die Truppen von Cestius Gallus, dem römischen

Landverteilung an die Stämme Israels

Die jüdische Diaspora zur Zeit Jesu

Gouverneur von Syrien, wurden bei Bet Horon entscheidend geschlagen, nachdem sie ohne Erfolg versucht hatten, die Stadt einzunehmen.

Diese Siege waren aber nur von kurzer Dauer. Nero schickte seinen General Vespasian nach Palästina, um dort mit dem Chaos aufzuräumen. Gegen Ende des Jahres 67 n. Chr. befand sich Galiläa wieder in römischer Hand. Der Rebellenführer Johannes von Giscala entkam mit seinen Anhängern nach Jerusalem. Die Römer eroberten das restliche Palästina zurück und überließen es den rivalisierenden Rebellengruppen in Jerusalem, sich gegenseitig unschädlich zu machen.

Als Vespasian 69 nach Neros Tod römischer Kaiser wurde, vollendete sein Sohn Titus das Werk. 70 n. Chr. fiel Jerusalem, und der Tempel wurde von den römischen Truppen zerstört. Die letzten Widerstandsnester wurden im Lauf der nächsten drei Jahre ausgerottet. Die Festung Masada fiel schließlich 73 n. Chr., als sich die Belagerten das Leben nahmen, um nicht in römische Hände zu fallen.

Johanan ben Zakkai

Inmitten von Gewalt und Chaos gelang es einem der bedeutenderen Mitglieder des Sanhedrin (Hohen Rates), der gesetzgebenden Körperschaft der Juden, aus Jerusalem zu fliehen. Nachdem er die Genehmigung von Vespasian eingeholt hatte, durfte dieser Rabbi Johanan ben Zakkai, der dem gemäßigten Flügel angehörte, in Jabne eine jüdische Schule gründen. Trotz der Probleme in Palästina war das Judentum immer noch eine *religio licita*, eine von den Römern zugelassene Religion, anders als beispielsweise das Christentum. Sie war von Julius Caesar als solche anerkannt worden, weil die Juden ihn bei seinem Ägyptenfeldzug 48 v. Chr. unterstützt hatten.

Die Schule in Jabne entwickelte sich zum bestimmenden Mittelpunkt des Judentums in Palästina und der Diaspora. Nun, da der Tempel nicht mehr stand, musste man die Einheit des Judentums auf andere Weise zu bewahren suchen. Die geistlichen Führer widmeten sich immer mehr der Pflege der Tradition und den Vorschriften für das jüdische Leben. Die Verbindung zu den jüdischen Gemeinden im Ausland wurde durch umherziehende Rabbinen aufrechterhalten. Von diesem Zeitpunkt an spielten die Synagogen und Rabbinen eine immer wichtigere Rolle für das jüdische Leben.

Gegenüber: Der imposante Berg, auf dem Herodes der Große seine Festung von Masada erbaute, deren jüdische Garnison sich 73 n. Chr. lieber selbst umbrachte, als eine Niederlage durch die Römer hinzunehmen.

Der Bar Kochba-Aufstand (132–135 n. Chr.)

Dass der jüdische Aufstand niedergeschlagen worden war, bedeutete nicht, dass nun Frieden eingekehrt wäre. Der Aufstand hatte Tausende von Menschen das Leben gekostet, und die Römer verstärkten ihre militärische Präsenz noch dadurch, dass sie die Zehnte Legion dauerhaft in Jerusalem stationierten. (Jerusalem war vollkommen zerstört und wurde lange Zeit nicht wieder aufgebaut.) Große Teile des Landes, das im Krieg entvölkert worden war, wurden von den Römern beschlagnahmt. Die frühere jüdische Tempelsteuer von zwei Drachmen ging nun als *fiscus judaïcus* an den Jupitertempel in Rom. All das führte dazu, dass der Aufstand weiter vor sich hin schwelte und manchmal von neuem aufflackerte, wie zum Beispiel in den jüdischen Gemeinden der Diaspora im so genannten Quietuskrieg 115–117 n. Chr.

Den unmittelbaren Anlass zum großen Aufstand in Judäa bildete sehr wahrscheinlich der Plan des Kaisers Hadrian (117–138 n. Chr.), Jerusalem als typische hellenistische Stadt unter dem Namen Aelia Capitolina wieder zu erbauen. Bald nachdem der Aufstand 132 n. Chr. ausgebrochen war, konnten die Rebellen eine Reihe von Festungen und Jerusalem in ihre Gewalt bringen. Unter der tatkräftigen und fachkundigen Führung von Bar Kochba wandten sie Guerilla-Taktiken an und vermieden so direkte Konfrontationen mit den römischen Legionen.

Trotz anfänglicher Erfolge waren sie aber nicht in der Lage, der Übermacht der Römer auf Dauer etwas entgegenzusetzen. 135 fiel ihre letzte Festung, und Bar Kochba kam bei diesem Angriff ums Leben.

Römer und Juden mussten in dieser Schlacht große Verluste hinnehmen. Für Israel kam das Ergebnis dieses Aufstands einer Katastrophe gleich. Das Land wurde der Provinz Syrien-Palästina zugeschlagen, Jerusalem wurde als Aelia Capitolina neu aufgebaut, die dort noch ansässigen Juden wurden aus der Stadt verbannt und die meisten von ihnen als Sklaven verkauft. In ganz Judäa konnte man kaum noch einen Juden finden, und das religiöse Leben in der Provinz musste sich gegen vielerlei Repres-

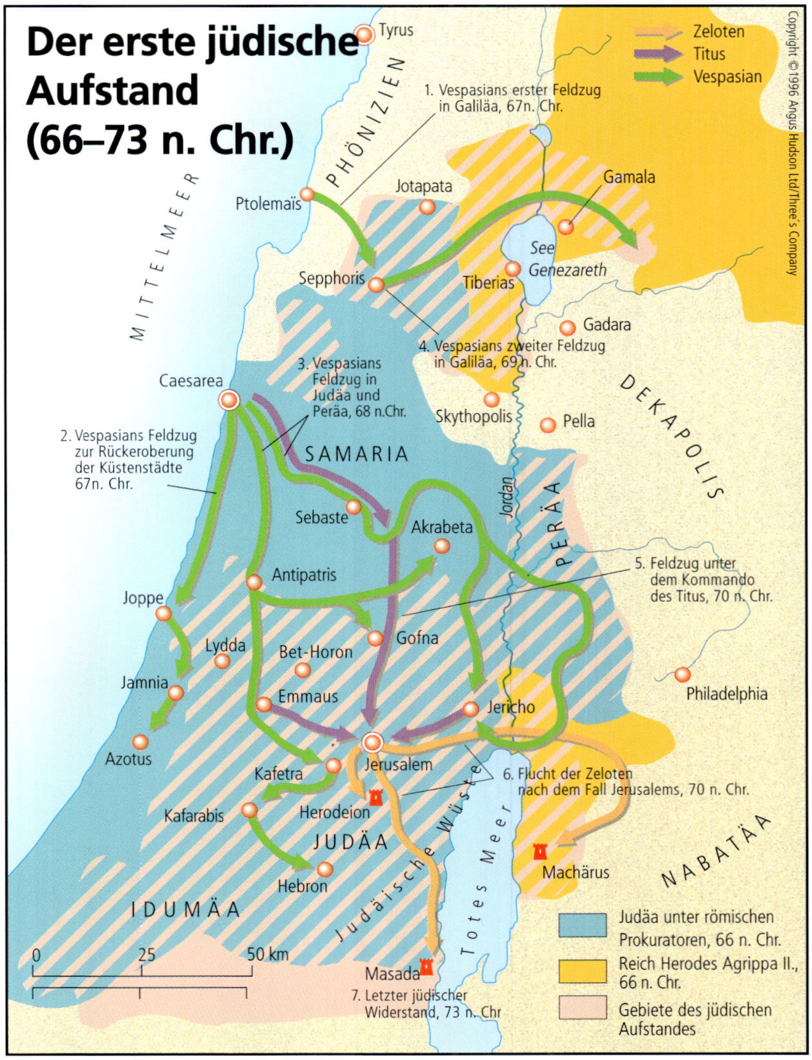

Dieses Relief vom Torbogen des Titus (Rom) stellt den römischen Triumphzug nach der Zerstörung Jerusalems dar und ist die einzige bekannte Abbildung des siebenarmigen Leuchters aus dem Tempel des Herodes.

salien behaupten wie z.B. das Verbot der Beschneidung.

Deshalb verlagerte sich der religiöse Mittelpunkt des Judentums erneut, dieses Mal nach Galiläa, das aus den Auseinandersetzungen relativ unbeschadet hervorgegangen war.

Die Hoffnung auf eine schnelle Wiederherstellung des Königreichs Israel musste man nach dem Aufstand für einige Jahrhunderte begraben. Die Geschichte des Volks war von nun an die Geschichte des geistlichen Israel, an der alle Juden Anteil hatten, in welchem Land sie als ‚Gäste und Fremdlinge' auch immer leben mochten. Ihr Haus wurde zum Schulhaus *(Jeschiwa)*, ihr Tempel wurde die Synagoge, ihr Leben das Gesetz *(Tora)* und ihre Hoffnung das Kommen des Messias.

Juden und Christen in Palästina

Eine weitere bedeutende Folge des jüdischen Aufstands war, dass die Verbindung zwischen Juden- und Christentum endgültig gekappt wurde. Die Christen hatten sich an der Ausübung von Gewalt nicht beteiligt und ihnen wurde auch gestattet, weiter in Jerusalem zu wohnen, soweit sie nicht jüdischer Herkunft waren.

Das bedeutete allerdings nicht, dass sie nicht auch verfolgt wurden. Weil sie mit dem Judentum gebrochen hatten, wurde es den Römern allmählich klar, dass sie es mit einer neuen Religion zu tun hatten, und zwar einer *religio illicita*, einer illegalen Religion. Die Christenverfolgung begann bereits unter Nero. Manchmal gnadenlos, manchmal nur nachlässig betrieben, dauerte sie an, bis sich Konstantin der Große 312 n. Chr. bekehrte.

Den Juden hingegen brachte man mit den Jahren zunehmend Toleranz entgegen, und ihre Schulen in Galiläa blühten auf. Das ununterbrochene Torastudium brachte eindrucksvolle Ergebnisse hervor, die die Grundlage des weltweiten Judentums bilden sollten. In dieser Zeit bekamen die Tora (die fünf Bücher Mose) und der Tanakh (Tora, Propheten und Schriften) ihre endgültige Gestalt, und die alte mündliche Lehrüberlieferung *(Mischna)* wurde geordnet und vom Rabbinen Juda na-Hasi niedergeschrieben. Sein Beiname ‚der Fürst' weist auf seine Funktion hin, denn dieser Titel wurde dem Vorsitzenden des Sanhedrin verliehen und ist gedanklich mit der Vorstellung eines Patriarchen verbunden.

Mit der Zeit kamen immer mehr Kommentare zu den Traktaten der Mischna hinzu, so dass schließlich der *Talmud* entstand, der Mischna und Gemara (Ergänzungen, Kommentare) umfasste. Der Palästinische bzw. Jerusalemer Talmud wurde 425 n. Chr. abgeschlossen. Im sechsten Jahrhundert entstand der Babylonische Talmud, der später noch größere Autorität genoss.

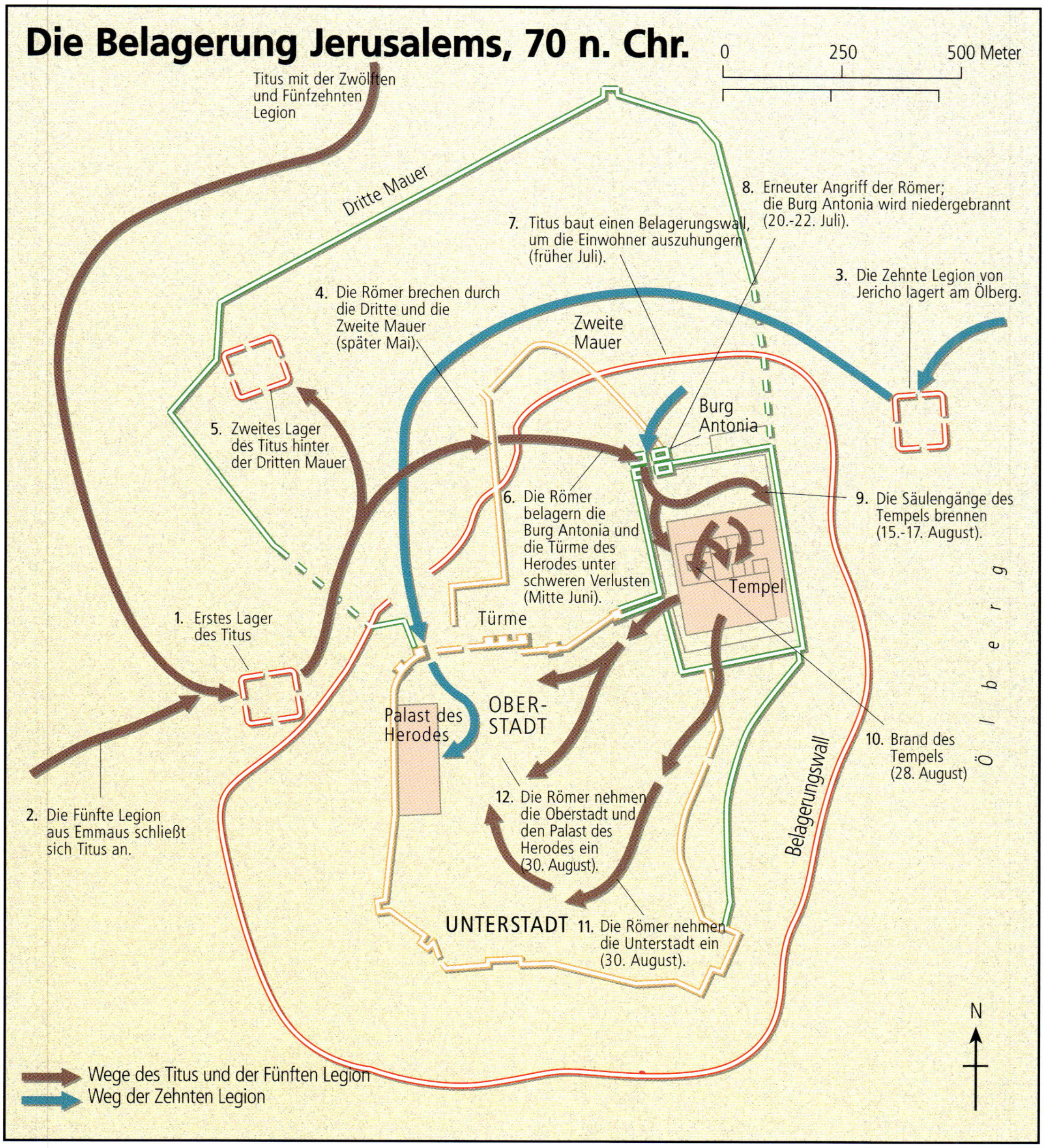

Die Mischna beziehungsweise der Talmud setzen das Gesetz Moses in Vorschriften für das tägliche Leben um. Die Bestimmungen der Traktate und Kommentare sind für alle Lebensbereiche verbindlich. Sie enthalten nicht nur praktische Anwendungen der Speisegesetze, sondern befassen sich auch mit allen erdenklichen Wissensgebieten und erzählen Geschichten und Anekdoten. Sie bilden die Grundlage der *Halacha*, des ‚Weges, den man gehen soll', um sein Leben dem jüdischen Gesetz gemäß zu gestalten.

Anders als die Tora, das geschriebene Gesetz, ist die *Halacha*, das mündlich überlieferte Gesetz, Veränderungen unterworfen. Bis heute wird sie den jeweils vorliegenden Gegebenheiten angepasst oder entsprechend ergänzt, denn die *Halacha* will den Juden helfen, in jeder Situation nach der Tora zu leben. Um das zu erreichen, muss der Weg, den sie aufzeigt, gangbar sein. Im heutigen Israel fällt das Oberrabbinat Entscheidungen, die Zusätze oder Veränderungen der *Halacha* betreffen.

Eingang zu einer aus dem Felsen herausgehauenen jüdischen Katakombe bei Bet Schearim (Israel), während des zweiten Jahrhunderts n. Chr. Versammlungsort des Sanhedrin (oberster jüdischer Gerichtshof).

Bald war Galiläa nicht mehr das einzige Zentrum der jüdischen Gelehrsamkeit. Abba Arika, ein Schüler Juda ha-Nasis, gründete bereits 219 eine *Jeschiwa* im babylonischen Sura. Nach der Zeit des Babylonischen Exils waren viele Juden in Babylonien wohnen geblieben. Sie genossen unter den Parthern und Persern (nach 225 n. Chr. Sassaniden) große Freiheiten, so dass nach 219 die Anzahl der Schulen rasch zunahm. In den folgenden Jahrhunderten wuchs das Ansehen der babylonischen Talmudschulen und stand dem der Schulen in Galiläa in nichts nach.

Noch eine andere Entwicklung drohte die Rolle Palästinas als geistiges Zentrum der Juden zu gefährden. Seit Konstantin der Große sich bekehrt hatte und das Christentum propagierte (seit 320 n. Chr.), sahen sich die Juden in Palästina der zunehmenden Christianisierung ihres Landes ausgesetzt. Auch wenn ihnen Konstantin gestattete, einmal im Jahr nach Jerusalem zu pilgern, und zwar am 9. Av, dem Jahrestag der Zerstörung des Tempels, verschlechterten sich die Beziehungen zwischen Juden und Christen im Lauf der Zeit. Weil einflussreiche Kirchenväter wie Hieronymus und Ambrosius darauf bestanden, wurden den Juden zahlreiche Beschränkungen auferlegt: Sie durften weder Christen heiraten noch christliche Sklaven halten. Unter dem oströmischen Kaiser Theodosius II. (408–450 n. Chr.) wurden sie auch von öffentlichen Ämtern ausgeschlossen. Während seiner Herrschaft wurden sie sogar gezielt verfolgt und aus Städten wie zum Beispiel Alexandria vertrieben.

Die Blütezeit der *Jeschiwot* in Galiläa war vorüber. Viele Juden machten sich auf den Weg nach Babylonien oder Europa. Die babylonischen Talmudschulen übernahmen die Aufgaben der Schulen in Galiläa. Für die nächste Zeit sollte Palästina keine Rolle als Zentrum des jüdischen Lebens mehr spielen.

JUDEN IN DER ISLAMISCHEN WELT

Der überraschend schnelle Aufstieg des Islam, der Religion, die Mohammed gestiftet hatte, begann im 7. Jahrhundert. Innerhalb von hundert Jahren nach dem Tod des Propheten 632 n. Chr. hatten die Kalifen ein Reich erobert, das sich vom Indus bis zum Atlantik erstreckte.

In der Mitte des 7. Jahrhunderts herrschten die Kalifen in Palästina und im persischen Sassanidenreich. Die Juden in Palästina und Babylonien hießen die neuen Herrscher als Befreier willkommen, die der Verfolgung durch die Christen und später auch durch die Perser ein Ende bereiten würden. In der jüdischen Literatur dieser Zeit wird der erste große Eroberer, Kalif Omar, sogar als ‚Freund Israels' bezeichnet.

Zunächst erwies Mohammed Juden und Christen große Freundlichkeit, galten sie ihm doch als ‚Leute des Buches', als Brüder, die nur noch zum Glauben an die letztgültige Offenbarung bekehrt werden mussten, die ihm, Mohammed, gegeben worden war. Verschiedene christliche Gemeinschaften, die schon sehr früh auf der arabischen Halbinsel einen festen Platz erobert hatten, scheinen sich tatsächlich zum Islam bekehrt zu haben. Doch schon zu Lebzeiten Mohammeds gab es blutige Zusammenstöße mit der jüdischen Bevölkerung in der

Gegend um Medina. Schließlich konnten sich die Juden nur noch im äußersten Nordwesten, dem heutigen Jemen, behaupten. Wer sich von den Christen nicht bekehren wollte, verschwand überhaupt von der Bildfläche.

Die Kalifen (der Titel bedeutet ‚Nachfolger' oder ‚Vertreter' des Propheten) wählten einen anderen Weg, um ihr Territorium auszudehnen. Es war unmöglich, ein Reich nur auf Unterdrückung zu bauen, besser war es, Minderheiten gegenüber ein gewisses Maß an Toleranz zu üben. So wurden Christen und Juden zu sogenannten *Dhimmi*, ‚Schutzbefohlenen', ernannt. Sie durften ihre Religion ausüben und ihr Hab und Gut war unantastbar. Manche Nachteile mussten sie allerdings hinnehmen: Ihnen wurden besondere Steuern auferlegt, sie durften keine moslemischen Sklaven halten, keine Anklage gegen Moslems erheben und in einigen Fällen keine öffentlichen Ämter bekleiden. Wie weit die Diskriminierung der *Dhimmi* ging, hing von Ort und Zeit ab. Einige Herrscher ließen Milde walten, während andere die Vorschriften sehr genau umsetzten oder sogar noch verschärften.

Das Goldene Zeitalter der Juden im maurischen Spanien

In der islamischen Welt begannen die Juden allmählich eine bedeutende Rolle im Handel zu spielen. Dabei kam ihnen zugute, dass sie im ganzen Reich und auch im nahen Europa vertreten waren. Viele Rabbinen waren darüber hinaus herausragende Gelehrte, besonders in den Bereichen Medizin, Philosophie, Astronomie und Literatur. Zuweilen wurden ihnen hohe Stellungen am Hof angeboten.

Das war in Sizilien und in noch größerem Ausmaß in Spanien der Fall, nachdem das Land von den Arabern 711–714 n. Chr. erobert worden war. Abd al-Rahman I. (756–788) aus der Omajjaden-Dynastie erklärte die neu eroberten Gebiete zum unabhängigen Emirat, nachdem die Abassiden das Kalifat im Osten übernommen hatten. Die Omajjaden hielten sich bis 1013, obwohl sie bereits im 10. Jahrhundert das nördliche Spanien (Kastilien) an die Franken verloren hatten.

Mosaik eines siebenarmigen Leuchters auf dem Fußboden der Synagoge aus dem 2.–3. Jahrhundert bei Hammat Tiberias (Israel).

Schon von Anfang an pflegte die jüdische Elite in Sefarda (Spanien) enge Kontakte zum Hof der omajjadischen Prinzen. Unter ihrem Schutz erlebten die jüdischen Gemeinden ein Wachstum von bisher unbekanntem Ausmaß, gerade was ihre Kultur betraf. In Städten wie Granada, Toledo und Córdoba entstanden große jüdische Bezirke. Dieses goldene Zeitalter erreichte im 10. und 11. Jahrhundert seinen Höhepunkt. Selbst als die Berber das Gebiet 1013 eroberten, änderte sich die Situation nicht.

Wichtige Persönlichkeiten dieser Zeit sind Chasdaj ibn Schaprut, der Außenhandelsminister unter Abd al-Rahman III., und Samuel ibn Nagrela (oder ha-Nagid,

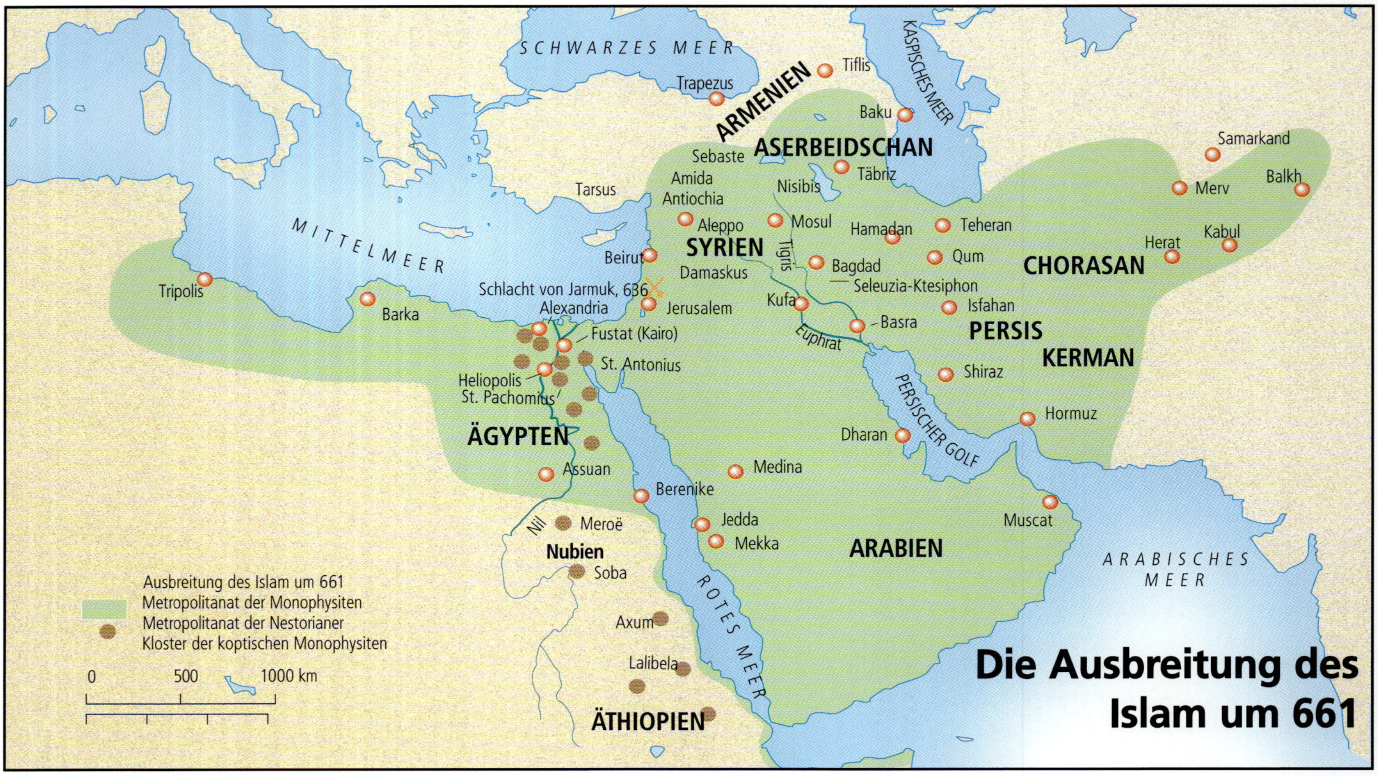

Gegenüber: Skulptur von Maimonides, Córdoba.

Unten: Heilige Stätten wie etwa die Höhle von Machpela (Hebron), traditionelle Begräbnisstätte der Patriarchen, werden sowohl von Juden als auch von Moslems verehrt.

‚das Oberhaupt'), der im 11. Jahrhundert Wesir unter König Habbus von Granada war – unter den Berbern war das Gebiet nämlich in verschiedene Königreiche aufgeteilt worden.

Sie schufen ein Klima, in dem berühmte Dichter und Philosophen wie Salomo ibn Gabirol, Moses ibn Esra und Juda ha-Levi aufblühen konnten. Aus den Werken des Letztgenannten schöpften Generationen von Juden Mut und Zuversicht in Zeiten der Unterdrückung, weil er der Sehnsucht nach Jerusalem und der Hoffnung auf den Messias so pointiert und eindrücklich Ausdruck verlieh.

Gegen Mitte des 11. Jahrhunderts war die Zeit des Wachstums und der harmonischen Entwicklung vorbei. Spannungen im Königreich Granada führten zum Ausbruch eines offenen Aufstands auf Kosten der jüdischen Gemeinde. Josef ibn Nagrela, der den verantwortlichen Platz seines Vaters in der Gemeinde und als wichtiger Politiker eingenommen hatte, wurde vom aufgebrachten Mob gekreuzigt. Auch 1 500 andere Familienoberhäupter fielen den Übergriffen zum Opfer. Die überlebenden Juden wurden aus der Stadt verbannt. Dies war das erste Pogrom des späten Mittelalters in großem Maßstab, und bedauerlicherweise sollten ihm noch viele folgen.

Als König Alfonso VI. von Kastilien 1085 Toledo einnehmen konnte, sahen sich die Berberprinzen im Süden gezwungen, fanatische Moslems aus Nordafrika um Hilfe zu

Ein Teil des maurischen Palastes Alhambra in Granada (Spanien), ein Höhepunkt islamischer Architektur. Anfangs wurden die Juden in dieser Gegend willkommen geheißen.

bitten. Sie konnten den Vormarsch des Christentums aufhalten und nutzten die Gelegenheit, um für das nächste Jahrzehnt die Herrschaft in diesem Gebiet auszuüben. Unter ihrer Verwaltung wurde keine Toleranz gegenüber Minderheiten mehr geübt. Zahllose Juden mussten sich in Sicherheit bringen, und viele von ihnen flohen in den christlichen Norden, wo man sie anfangs mit offenen Armen willkommen hieß.

Andere suchten Zuflucht im Süden oder auf dem Weg nach Palästina. Das traf auch für Moses ben Maimon zu, besser bekannt als Maimonides, einen der größten mittelalterlichen Philosophen und Verfasser der *Mischna Tora*, eines gewaltigen und einflussreichen Werks, in dem das mündlich überlieferte jüdische Gesetz zusammengefasst und systematisiert wurde. Maimonides' Kritiker befürchteten, dass ein so gewaltiges Sammelwerk dazu verführen könnte, den Talmud selbst nicht mehr zur Hand zu nehmen. Das trat nicht ein, aber die *Mischna Tora* gab unzähligen Juden ein unschätzbares Hilfsmittel an die Hand, um die Originalschriften zu studieren.

Maimonides wurde 1135 in Córdoba geboren, verbrachte aber den größten Teil seines Arbeitslebens in Fostat (dem antiken Kairo) als Leibarzt des Sultans von Ägypten. Eine seiner religionsphilosophischen Arbeiten, *‚Führer der Unschlüssigen'*, übte auch großen Einfluss außerhalb des Judentums aus, unter anderem auf den bedeutenden Gelehrten Thomas von Aquin.

Entwicklungen im Osten

Die jüdische Gemeinde auf der iberischen Halbinsel machte bis zu einem gewissen Grad eine eigenständige kulturelle Entwicklung durch und vernachlässigte den Kontakt mit den babylonischen Talmudschulen. Die Juden im Osten wie auch in Italien, West- und Mitteleuropa sowie großen Teilen Afrikas allerdings erkannten die geistliche Führung von Sura und Pumbedita auf der anderen Seite des Euphrat immer mehr an.

Die Schulen in Palästina waren nicht glücklich über diese Entwicklung. Unter der Herrschaft der Omajjaden, des ersten Kalifat mit Sitz in Damaskus, ging es in Palästina mit dem Handel aufwärts. Die Anzahl der jüdischen Einwohner in Jerusalem, Hebron und anderen Städten nahm sprunghaft zu. Tiberias, der Sitz der neuen *Jeschiwa*, wurde zu einem wichtigen Zentrum des Judentums, erlebte aber nur ein kurze Blütezeit. Das zweite Kalifat, das der Abassiden, verlegte das Machtzentrum nach Bagdad und widmete den östlichen Provinzen des Reichs mehr Aufmerksamkeit. Davon profitierten die jüdischen Gemeinden in Babylonien. Der Exilarch (politischer und religiöser Führer) wurde am Anfang als Führer aller Juden im arabischen Reich anerkannt, und der Einfluss der geistlichen Führer, der *Geonim*, wuchs dementsprechend.

Innenteil der mittelalterlichen Synagoge bei Córdoba (Spanien), mit feinem Maßwerk aus Stein in maurischem Stil.

Selbst der Aufstieg der Fatimiden, einer Dynastie, die 969 in Ägypten an die Macht gekommen war und in Palästina herrschte, konnte die Stellung der Schule im Verheißenen Land nicht verbessern. Sie wurde nach Jerusalem verlegt; der Versuch, sie wieder zu beleben, gelang aber nicht so recht, weil die wirtschaftlichen Bedingungen ungünstig waren, Beduinen und Seldschuken gelegentlich Überfälle verübten und Christen und Juden im Land ständig aneinander gerieten. Die Jerusalemer Juden waren für ihren Lebensunterhalt auf Spenden aus der Diaspora angewiesen, die unter diesen Umständen immer spärlicher flossen. Schließlich musste die Talmudschule nach Tyrus umziehen. In ganz Palästina nahm die Anzahl der Juden ab, bis nur noch ein paar Tausend von ihnen dort lebten. Die Gemeinde in Palästina sollte bis zum 13./14. Jahrhundert, als berühmte Rabbinen aus Europa dort eintrafen, ihre alte Bedeutung nicht mehr zurückgewinnen.

Auch das Exilarchat in Babylonien verlor an Bedeutung. Bereits 825 n. Chr. hatte der Kalif al-Ma'mun dieses Amt offiziell verboten. Die Intoleranz von moslemischer Seite wuchs, das Kalifat wurde immer schwächer, einzelne islamische Reiche gewannen an Einfluss, und schließlich konkurrierten auch in Europa die neu entstandenen Zentren des jüdischen Lebens miteinander. All das führte dazu, dass die Exilarchen an Bedeutung verloren. In den jüdischen Gemeinden des Ostens wurde ihre Autorität zwar noch lange anerkannt, aber ihr Glanz begann zu verblassen.

DAS EUROPÄISCHE JUDENTUM BIS 1880

Die ersten jüdischen Gemeinden in Europa entstanden in römischer Zeit, vor allem in Italien und Spanien, im zweiten und dritten Jahrhundert auch in Frankreich. Zur

Trier war eine von vielen Städten, die antisemitische Ausbrüche zur Zeit der Kreuzzüge miterlebten.

Zeit der Geburt Christi gab es in Rom eine beträchtliche Anzahl von Juden, die von den Sklaven abstammten, die man 63 v. Chr. aus Judäa verschleppt hatte. Einige Juden arbeiteten als reisende (Sklaven-)Händler und waren deshalb mit den Grenzen des Reichs im Norden (Germanien, vor allem entlang des Rheins) und im Westen (Gallien) vertraut. In Spanien bauten sie auch Wein und Oliven an. Paulus' Plan, im Zug seiner Missionsreisen auch Spanien zu besuchen (Römer 15,14.28) könnte bedeuten, dass es zu dieser Zeit in Südspanien jüdische Gemeinden gegeben hat.

Die Christianisierung des Römischen Reichs begann mit Konstantin dem Großen (306–337 n. Chr.). Für die Juden bedeutete das den Beginn einer endlosen Serie von diskriminierenden Regelungen, gegen die sie sich zur Wehr setzen mussten. Wenn auch Niedergang und Fall des weströmischen Reiches 476 n. Chr. den Prozess aufhielten, nahm die Christianisierung auch in den neu entstandenen Machtzentren ihren Fortgang.

Der Kaiser als Schutzherr

Die Stellung der Juden im frühen Europa wurde von drei Faktoren bestimmt: dem Standpunkt der weltlichen Machthaber, der offiziellen Lehre der Kirche und dem Bild, das sich die restliche Bevölkerung von den Juden machte.

Die weltliche Macht im aufstrebenden Europa erkannte, dass ihr die Juden wirtschaftliche Vorteile bringen konnten, denn sie besaßen internationale Verbindungen und durften als Nichtchristen auch Geld verleihen. Dafür, dass man ihnen Schutz und Privilegien im wirtschaftlichen Bereich gewährte, konnte man die Juden benutzen, um Macht und Wohlstand zu mehren. Auf diese Weise wurden kostspielige Kriege und ehrgeizige Bauprojekte finanziert.

Seit der Karolingerzeit im 8. Jahrhundert gelang es einer kleinen Gruppe innerhalb der jüdischen Gemeinde, mit Hilfe des kaiserlichen Schutzes in die Oberschicht aufzusteigen, obwohl sie hart besteuert wurde. Während im neunten Jahrhundert bedeutende Handelszentren in der Languedoc (Narbonne) und Provence (Marseille) zu voller Blüte gelangten, verschob sich der wirtschaftliche Schwerpunkt im 11. und 12. Jahrhundert auf die Städte des Rheinlandes (Köln, Mainz, Speyer, Worms).

Bereits im neunten Jahrhundert gab es in Mainz eine jüdische Gemeinde. Gegen Ende des 10. Jahrhunderts wurde sie zum wichtigen Mittelpunkt jüdischer Spiritualität. Ganz besonders galt das für die *Jeschiwa*, die Gerschom ben Juda (965–1028 n. Chr.) dort gegründet hatte. Gerschom, ‚das Licht der Diaspora', versuchte dem jüdischen Leben mit seinen *responsa* (letztgültigen Antworten auf Fragen, die das Gesetz in seiner mündlichen Überlieferung betrafen) eine neue

Gestalt zu geben. Seiner Autorität und seines Einflusses wegen ging die Führungsrolle von den alten babylonischen Schulen in Sura und Pumbedita auf ihn über.

Nach seinem Tod übernahm Salomo ben Isaak (1040–1105), besser bekannt als Raschi, seine Aufgaben. In Mainz hatte er seine Ausbildung genossen, geboren aber wurde er in Troyes in Nordfrankreich, und dort wirkte er auch. Raschis Kommentare beeinflussten lange Zeit das Tora- und Talmudstudium und hinterließen sogar in den reformatorischen Bibelübersetzungen ihre Spuren, auch in der Martin Luthers. Gerschom und Raschi kann man als die Begründer des europäisch-askenasischen Judentums ansehen, das sich in vielerlei Hinsicht anders entwickelte als das spanisch-sephardische Judentum.

Aber in Mainz wurde es zur Zeit Gerschoms auch zusehends deutlich, dass die jüdische Gemeinde ständig in Gefahr schwebte. 1012 wurden die Juden der Stadt zwangsgetauft. Wer das ablehnte, wurde der Stadt verwiesen. Wenn diese Regelung auch bald wieder zurückgenommen wurde, machte dieser Vorfall doch den Juden klar, dass sie sich den Launen der örtlichen Behörden fügen mussten, die sich als ihre Beschützer aufspielten, wenn sie sich einen Vorteil davon versprachen, sie aber auch hart behandeln, etwa ausweisen oder enteignen konnten. Dass die Juden unter dem Schutz des Kaisers standen, konnte ihnen keine Sicherheit garantieren.

Die Blütezeit jüdischen Lebens im Rheinland dauerte zunächst bis 1096. In diesem Jahr hinterließen die Heere des ersten Kreuzzugs auf dem Weg ins Heilige Land eine Spur der Verwüstung in den jüdischen Bezirken zahlloser europäischer Städte.

Die Fassade des Kölner Doms. Im Gefolge der Kreuzfahrer kam Tod und Verderben über die Juden in vielen deutschen Städten, einschließlich Speyer, Worms, Mainz, Trier, Metz und Köln.

Der Papst als Schutzherr

Der offizielle Standpunkt der römisch-katholischen Kirche den Juden gegenüber war nicht ganz eindeutig. Die Juden wurden als Bürger zweiter Klasse betrachtet, denen man im besten Fall gestatten durfte, den Christen zu dienen. Auf der einen Seite wollten die Päpste und Bischöfe die christliche Gemeinschaft vor dem ‚verderblichen Gift' des Judentums bewahren, auf der anderen Seite hatte sich der Papst auch zum Beschützer der Juden erklärt, denn ihre Existenz konnte sinnfällig zeigen, dass die Christen Recht hatten. Die offizielle Position lief also darauf hinaus, dass man die Juden nicht zwangstaufen sollte, und Innozenz IV. (1243–1254 n. Chr.) wandte sich in einer päpstlichen Bulle gegen die immer und immer wieder vorgebrachte Anschuldigung, die Juden würden Ritualmorde an Kindern begehen, um das Passafest zu feiern.

Trotz dieses offiziellen Schutzes fielen im Lauf der nächsten Jahrhunderte zahllose Juden Repressionen zum Opfer, sie wurden ausgewiesen, enteignet und als Ketzer ver-

Mittelalterliche Darstellung von Juden, die bei lebendigem Leibe in Köln verbrannt wurden.

folgt. Seit den Kreuzzügen vertiefte sich der Graben zwischen Juden und Christen immer weiter, und erst nach der Reformation sollte er allmählich und teilweise wieder überbrückt werden.

Stereotype Vorurteile im Volk

Bis zum vierzehnten Jahrhundert lebte der Großteil der jüdischen Bevölkerung in den bedeutenden Handelsstädten. Weil die Juden relativ wohlhabend waren und im Handels- und Kreditwesen manche Privilegien genossen, führte das zum Neid unter der restlichen Bevölkerung. Weil sie außerdem von den Christen immer weiter isoliert wurden, so wie es Kirche und Staat wünschten, gewannen Hass, Furcht und verdrehte Vorstellungen über ihre Lebensführung immer mehr Raum.

So kam es zum Zerrbild des raffgierigen Juden, der einen unüberwindbaren Hass gegen den Heiland hegt und nicht ruht, bis er ihm und seinem Volk genug Schaden zugefügt hat. Bis in das neunzehnte Jahrhundert hinein kursierten in ganz Europa immer wieder Gerüchte über Ritualmorde an christlichen Kindern, Hostienschändung und Brunnenvergiftung, die zu schrecklichen Massakern und Plünderungen in den jüdischen Vierteln führten. Auch Naturkatastrophen, Hungersnöte und Epidemien wurden den Juden in die Schuhe geschoben und hatten Hassausbrüche zur Folge.

Die Austreibung aus Westeuropa

Der erste Angriff in großem Maßstab auf die Juden im christlichen Europa fand 1096 zu Beginn des ersten Kreuzzugs statt. Die Volksmassen, die im Gefolge der Kreuzritter ins Heilige Land zogen, säten in zahllosen Städten wie zum Beispiel Rouen, Speyer, Worms, Mainz, Trier, Metz, Köln, Neuss und Xanten Tod und Vernichtung unter den Juden. Allein in Mainz fielen weit über 1 000 Juden den Übergriffen zum Opfer. Für die Juden gab es kaum ein Entkommen. Wenn sie rechtzeitig gewarnt wurden, konnten sie in den Bischofspalästen Unterschlupf finden, aber das war auf Dauer keine Lösung. Viele entschieden sich dafür, in Würde zu sterben und ihrem Leben selbst ein Ende zu setzen. Zweifellos dachten sie dabei an die letzten Verteidiger der Festung Masada nach dem Aufstand gegen die Römer 70 n. Chr.

Nicht nur die religiöse Intoleranz, sondern auch die städtische Entwicklung schwächte die Stellung der Juden. Die aufstrebenden Kaufmanns- und Handwerksgilden betrachteten die Juden vor allem als Konkurrenz. Ihre Privilegien sorgten für böses Blut. Je unabhängiger die Grundeigentümer von den jüdischen Geldgebern waren, desto weniger ernst nahmen sie auch ihre Beschützerfunktion. Manchmal verkauften sie sogar ihre Schutzrechte. In gewisser Hinsicht wurden die Juden so zur Handelsware. Wenn aber irgendeine Ware nicht mehr den gewünschten Profit abwirft, versucht man sie abzustoßen, so wie es zum Beispiel in England geschah, wo 1290 alle Juden des Landes verwiesen wurden. Im folgenden Jahrhundert spielte sich dasselbe in Frankreich und den Städten des Rheinlands ab.

Der unmittelbare Anlass zu Judenpogromen und Ausweisungen im Europa des vierzehnten Jahrhunderts waren die unglaublich harte Hungersnot (ca. 1315–1320) und der Ausbruch der Schwarzen Pest 1348, der etwa ein Drittel der europäischen Bevölkerung zum Opfer fiel. In beiden Fällen richtete sich der Volkszorn gegen den offensichtlichen Sündenbock: die „minderwertigen" Juden, die als „Gottesmörder" die Wurzel allen Übels waren. Hartnäckig hielt sich das Gerücht, die Juden hätten sich mit den Moslems von Granada und Tunis verbündet, um alle Brunnen zu vergiften und die Christen umzubringen.

Die Folge davon war, dass die Juden gegen Ende des 14. Jahrhunderts im Wesentlichen aus Europa verbannt waren. Die französischen Juden, die Karl VI. 1394 n. Chr. ausgewiesen hatte, fanden zum Teil in der päpstlichen Enklave in Avignon Zuflucht, die aus dem Rheinland vertriebenen Juden begannen in den Osten abzuwandern. In den fol-

Eine für den mittelalterlichen Antisemitismus typische zeitgenössische Karikatur Isaacs von Norwich, einem jüdischen Geldverleiher, der vom Teufel gequält wird.

genden Jahrhunderten sollten Polen, Litauen und die Ukraine zum Mittelpunkt des jüdischen Lebens in Europa werden.

Die Reconquista in Südeuropa

Es dauerte viele Jahrhunderte, bis die Christen die in weiten Teilen islamische iberische Halbinsel zurückerobern konnten. Seit dem zehnten Jahrhundert verbreitete sich das Christentum langsam aber sicher vom Norden aus nach Süden, aber erst mit dem Fall von Granada 1492 war dieser Prozess abgeschlossen.

Weil der Islam unter den Almoraviden immer radikaler geworden war, suchten viele Juden Zuflucht in den christlichen Königreichen Nordspaniens. Wie auch in den anderen Teilen Europas wurden sie zunächst mit offenen Armen aufgenommen, weil sie einen wertvollen Beitrag zum Aufbau des Staatswesens leisten konnten.

Gegen Ende des vierzehnten Jahrhunderts änderte sich diese Haltung. Das Massaker, das der aufgebrachte Mob 1391 im jüdischen Viertel Sevillas anrichtete, war nur der Auftakt zu einer Welle von Gewalttaten gegen die Juden. Zehntausende von ihnen wurden zwangsgetauft. Sie wurden unter der Bezeichnung *anusim* (Gezwungene) bekannt, und im Geheimen bekannten sie sich immer noch zu ihrer jüdischen Tradition. Die Christen vertrauten ihnen nicht, und bald legte man ihnen den Spottnamen *marranos* (Schweine) bei. Seit 1478 bekämpfte die neu erwachte Inquisition die ‚marranische' Ketzerei buchstäblich mit Feuer und Schwert.

Nach dem Fall Granadas verschärfte sich die Situation noch einmal spürbar. König Ferdinand von Aragon und Königin Isabel von Kastilien wollten das Problem der ‚unbekehrten' Juden ein für alle Mal lösen. Die Juden mussten den christlichen Glauben annehmen oder aber Spanien innerhalb von wenigen Monaten verlassen. Viele von ihnen flohen nach Portugal, Italien, Nordafrika, auf den Balkan und in das osmanische Reich.

Fünf Jahre später geschah dasselbe in Portugal. Dieses Mal allerdings ließen sich die meisten Juden taufen. Im siebzehnten und achtzehnten Jahrhundert emigrierten viele dieser ‚neuen Christen' aus dem streng katholischen Portugal in europäische Länder, in denen es toleranter zuging, zum Beispiel in die Republik der Vereinigten Niederlande. Andere suchten ihr Glück in Städten des osmanischen Reiches, zu dem auch Palästina gehörte.

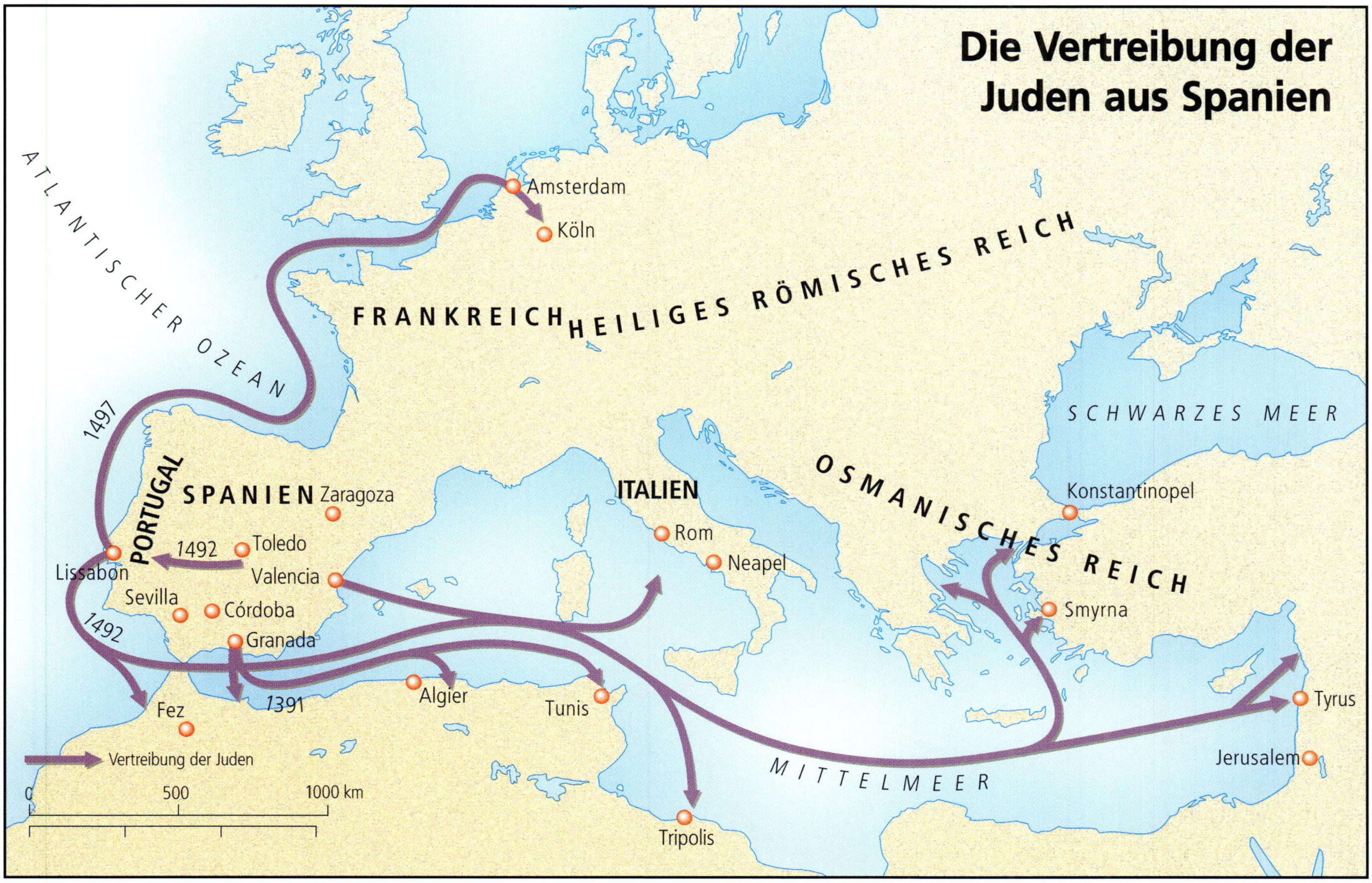

Osteuropa bis 1880

Die Geschichte der Juden in Polen und Litauen folgte einem vertrauten Muster. König und Adel bestärkten die deutschen Juden, mit ihrem Geld und ihren Erfahrungen als Geschäftsleute in das Land zu strömen, und von Seiten der Bürger in den Städten und des Klerus regte sich bald darauf Widerstand.

In Polen konnten die Juden ihre Privilegien für recht lange Zeit behaupten. Das askenasische Judentum erlebte im sechzehnten und in der ersten Hälfte des siebzehnten Jahrhunderts eine Blütezeit und konnte seine innere Einheit stärken. Dass Polen sein Territorium erweiterte und 1569 mit Litauen die sogenannte Lubliner Union schloss, wirkte sich für die Juden günstig aus, denn ihnen wurde die Aufgabe übertragen, die Besitzungen des Hochadels zu verwalten und Steuern einzutreiben. Auch außerhalb der großen Städte erblühte das jüdische Leben. Die Einrichtung der Vierländersynode verschaffte den Juden eine bessere Position, wenn sie mit den Behörden über Steuerfragen und Privilegien verhandeln mussten. Die *Jeschiwot* von Krakau, Lublin, Posen und Ostrog spielten eine wichtige Rolle für das geistliche Leben.

1648 kehrte sich die Situation völlig um. Bis dahin hatten sich antijüdische Gefühle hauptsächlich in einer steigenden Anzahl von Gerichtsverfahren Luft gemacht, in denen es um Ritualmord ging. Mit dem Aufstieg der Kosaken unter Bogdan Chmelniecki nahm nun eine gewaltige Terrorwelle in Polen und der Ukraine ihren Anfang. Immer mehr wurde sie zu einem allgemeinen Aufstand der Kleinbauern und Kosaken gegen ihre Unterdrücker, die Großgrundbesitzer. Diese Adligen wurden in der Regel von jüdischen Verwaltern vertreten. So legte die enge Verbindung zwischen dem Landadel und den Juden wieder einmal den Grundstein zu einem schrecklichen Massaker, in dem ungefähr 100 000 Juden ums Leben kamen.

Gegenüber: Jüdische Einwanderer in die Vereinigten Staaten im neunzehnten Jahrhundert erhaschen einen ersten flüchtigen Blick der Freiheitsstatue (New York).

Unten: Sabbatai Zewi (1626–1676); selbsternannter jüdischer Messias, wie er um 1660 in Syrien dargestellt wurde.

Dieser Gewaltausbruch in Polen sollte Folgen haben. Zunächst einmal veranlasste er viele Aschkenasim, nach West- und Mitteleuropa zurückzukehren. Sie suchten Zuflucht in Norddeutschland, den Niederlanden und Italien. Im geistlichen Bereich führte die Unterdrückung dazu, dass die Sehnsucht nach dem messianischen Zeitalter in den Herzen vieler Juden wuchs. So wurde der Boden für das Auftreten einer bemerkenswerten Persönlichkeit bereitet, des Pseudo-Messias Sabbatai Zwi (1626–1676). Dieser Jude aus Izmir ernannte sich zum Messias und hatte damit überraschenden Erfolg. Hauptsächlich rührte der Kabbalist Nathan aus Gaza für ihn die Werbetrommel. In den 60er Jahren des siebzehnten Jahrhunderts bewirkte seine Botschaft eine nahezu ekstatische Euphorie fast im gesamten europäischen Judentum. Deshalb war die Enttäuschung umso größer, als Sabbatai Zwi 1666 unter dem Druck des türkischen Sultans, den er um Anerkennung nachgesucht hatte, zum Islam konvertierte. Nach seiner Enttarnung als Betrüger versank das europäische Judentum in einem kollektiven Trauma.

In Osteuropa war es Israel Ben Elieser (ca. 1700–1760) aus der Ukraine, der dem Judentum im achtzehnten Jahrhundert neues Leben einhauchte. Seine Lehre vom Chassidismus sollte sich nicht nur unter den Juden Osteuropas verbreiten, sondern auch im Westen, den Vereinigten Staaten und schließlich auch in Israel. Die Stärke des Chassidismus lag darin, dass er es den gewöhnlichen Menschen ermöglichte, die jüdische Tradition zu verinnerlichen, indem er Glauben und Gefühl wichtiger nahm als intellektuelle Schärfe. Dieser Erfahrung verlieh man in Lied und Tanz Ausdruck, und sie eröffnete den einfachen Leuten einen Zugang zu einer unmittelbaren Freude am Glauben, die das schwer zu bewältigende Leben im Alltag erträglich machte. Seine Anhänger nannten Israel ben Elieser *Baal-Schem-Tow*, den ‚Meister des guten [göttlichen] Namens'. Legenden, die sich um seine Person und seine Wunderheilungen rankten, verbreiteten sich mit rasender Schnelle.

Der Aufstieg des Chassidismus stieß bei den intellektuellen Rabbinern der bereits existierenden Schulen natürlich auf Widerstand. Besonders der gaon (geistliche Führer) von Vilna in Litauen, Rabbi Elijahu Ben Salomon Salman (1720–1797) wandte sich gegen diese neue Schule. Die *Jeschiwa* von Vilna wurde so zum Zentrum der *Misnagdim*, der ‚Widerständler'. Trotzdem erfuhr der Chassidismus weite Verbreitung.

Im achtzehnten Jahrhundert verschwand auch das Königreich Polen-Litauen von der Landkarte. Nachdem das Land einige Male geteilt worden war, hörte es 1795 endgültig auf zu existieren. Zum großen Teil waren die Juden in diesem Landstrich nun dem rus-

Ein zeitgenössischer Stich über die zweite Vertreibung der Juden aus Prag (1745).

sischen Zar untertan. Während ihre Brüder und Schwestern im Westen in gewissem Ausmaß die Früchte der Judenemanzipation genießen konnten, hielt das neunzehnte Jahrhundert für die osteuropäischen Juden Verfolgung und Unterdrückung bereit. Zar Alexander I. wollte die Juden für das Christentum werben und sie so integrieren, sein Nachfolger Nikolaus I. (1825–1855) aber trat für härtere Maßnahmen ein. Besonders die Wehrpflicht wurde zum Instrument der Unterdrückung. Kinder zwischen acht und zwölf Jahren wurden ihren jüdischen Eltern entrissen, um sie auf den Militärdienst in Sibirien vorzubereiten. An ihrem achtzehnten Geburtstag traten sie ihren Wehrdienst für die Dauer von fünfundzwanzig Jahren an.

Unterdrückung, Armut und Einschränkung der persönlichen Freiheit charakterisierten das Leben in den osteuropäischen Ghettos. Auch wenn Zar Alexander II. (1855–1881) eine Politik der Liberalisierung betrieb und zum Beispiel den unmenschlichen Wehrdienst abschaffte, konnte er sein Werk nicht vollenden. 1881 fiel er einem Attentat zum Opfer. Das allein reichte aus, um eine neue Welle von Pogromen in Gang zu setzen. Es ging das Gerücht um, der Zar wäre einer jüdischen Verschwörung zum Opfer gefallen . . .

Die Juden in ganz Europa durchfuhr es wie ein Schock, denn sie hatten auf die Politik Alexanders II. gebaut. Die Pogrome führten zur ersten jüdischen Massenauswanderung von Russland nach Westeuropa und in die Vereinigten Staaten. Eine große Gruppe von Juden ging, beseelt von zionistischen Idealen, nach Palästina.

Die Judenemanzipation in Westeuropa

Im achtzehnten Jahrhundert war das politische Klima in Westeuropa den Juden freundlich gesonnen, so dass sie sich bis zu einem gewissen Grad emanzipieren konnten. Dass sich einem Philosophen wie Moses Mendelssohn berufliche Chancen eröffneten und er intellektuelle Anerkennung genoss, war ein Zeichen der Zeit. Die Emanzipationsbewegung innerhalb des Judentums selbst nahm in den Schulen der ‚Aufklärung' Gestalt an, die in Deutschland seit 1778 entstanden waren. Diese Schulen unterwiesen nicht nur in der jüdischen Tradition, sondern versuchten auch zu erreichen, dass die Juden an der europäischen Gesellschaft teilhaben konnten.

Obwohl die Emanzipation der Juden im 19. Jahrhundert als geglückt bezeichnet werden musste, wenn man sie am Buchstaben des Gesetzes maß, bedeutete das doch nicht, dass sie als Einzelne in der Gesellschaft als gleichberechtigt anerkannt und willkommen geheißen wurden. Der Graben zwischen Juden und Christen klaffte noch zu tief. Die nationalistischen Bewegungen in Europa, die in der Romantik erwacht waren, erwiesen sich als ideal, um die Jahrhunderte alten antijüdischen Sentiments neu zu beleben. In der ersten Hälfte dieses Jahrhunderts fielen überall viele Juden antijüdischen Ausschreitungen und Vertreibungen zum Opfer.

Die Verzweiflung unter den Juden wuchs, aber dank der neu gewonnenen Mobilität konnten sie nun zwischen verschiedenen Alternativen wählen. Viele wanderten in die Vereinigten Staaten aus, während andere in das Land ihrer Väter zurückkehrten. Außerdem begannen die Juden jetzt auch selbst patriotische Ideen zu enrwickeln: Sie wollten einen eigenen unabhängigen Staat. Es sollte nicht mehr lange bis zum Auftreten des Mannes dauern, der die ersten Schritte zur Verwirklichung dieser Idee tat: Theodor Herzl.

JERUSALEM

Herz und Seele der jüdischen Nation

Eine alte jüdische Geschichte erzählt, wie Gott während der Schöpfung einen Stein in die Wassermassen unter dem Firmament warf. Aus diesem Stein entstand die ganze Erde, mit Jerusalem als Mittelpunkt. An diesem ‚Nabel der Welt' nahm die Geschichte des Gottesvolks ihren Ausgang. In dieser Region wartete Abraham auf Gottes Auftrag und stellte seinen Glauben unter Beweis, als er bereit war Isaak zu opfern, und genau hier wurde später der Tempel errichtet. Hier herrschten David und Salomo, und hier wurde der zweite Tempel nach dem Babylonischen Exil erbaut.

Keine andere Stadt auf der Welt war oder ist mit dem Herzen oder der Seele eines Volkes so verbunden wie Jerusalem mit den Juden. Nachdem die Römer Jerusalem 70 n. Chr. dem Erdboden gleich gemacht hatten, ist buchstäblich nicht ein einziger Tag vergangen, an dem die Juden nicht über die Zerstörung geklagt und leidenschaftlich für die Wiederherstellung des Tempels und der Stadt gebetet hätten.

„Vergesse ich dich, Jerusalem, so verdorre meine Rechte" (Psalm 137,5). Diese Worte verliehen den Juden Kraft, wohin es sie in den Jahrhunderten der Zerstreuung auch immer verschlagen hatte. Das Gedenken an die Stadt Davids und die Hoffnung auf Wiederherstellung und Rückkehr wurde –

Das Damaskus-Tor in der Jerusalemer Altstadt ist eine der geschäftigsten Zugänge und ist nahe des arabischen Viertels in Ost-Jerusalem gelegen.

und wird – auf vielfältige Weise lebendig gehalten, zum Beispiel im traditionellen Passahwunsch („Nächstes Jahr in Jerusalem") wie auch in den Schlussgebeten nach der Toralesung oder den täglichen Tischgebeten, den Gebeten bei Festen, Trauerfeiern oder der Hochzeitszeremonie.

Es gibt auch andere jüdische Traditionen, die der Trauer über Jerusalem auf ganz greifbare Weise Ausdruck verleihen. Bei einem Festmahl zum Beispiel kann man einige Gänge auslassen, Frauen legen einige Schmuckstücke nicht an. Viele orthodoxe Juden lassen auch einen Teil ihres Hauses unvollendet, und die nicht verputzte Stelle ist ein sinnfälliges und dauerhaftes Symbol dafür, dass etwas fehlt. Jerusalem wurde zum Brennpunkt ihrer Sehnsucht. Die Erinnerung daran verband Juden auf der ganzen Welt, solange sie gezwungen waren, ihr unreines Brot mitten unter den anderen Völkern zu essen (Hesekiel 4,13).

Aber Jerusalem war auch immer ein Symbol der Hoffnung – und ist es noch heute. Deutete dieser kahle Fleck an der Wand nicht auch darauf hin, dass das Volk Gottes nicht für immer in der Fremde bleiben würde? Denn warum sollte man ein Haus komplett fertigstellen, das man bald verlassen wird? Nur der feste Glaube an die Möglichkeit der Rückkehr, der Wiederherstellung der Stadt und des Tempels konnte diese Erinnerung die ganze Zeit lebendig erhalten.

Die orthodoxen Juden glauben fest daran, dass Gott den Tempelberg niemals verlassen hat. Gottes Gegenwart (*Schekhina*) schwebt noch über den Ruinen und sehnt sich danach, die endgültige Wiederherstellung nach der Rückkehr der Juden nach Israel zu vollenden. Zu dieser Zeit wird sich das Wort des Propheten Hesekiel erfüllen: Dann werden auch die „Heiden erfahren, dass ich der HERR bin, der Israel heilig macht, wenn mein Heiligtum für immer unter ihnen sein wird" (Hesekiel 37,28).

Übrigens spielte die Vorstellung, nach Jerusalem zurückzukehren, schon lange vor der Zerstörung des Zweiten Tempels eine gewisse Rolle. Weil die Juden aus Juda ins Exil getrieben worden waren, zunächst von den Assyrern (722 v. Chr.), dann von den Babyloniern (587–538 v. Chr.), gab es schon

recht früh jüdische Gemeinden außerhalb Israels. Sie lösten sich nicht einmal auf, nachdem Kyrus, der König von Persien, erlassen hatte, dass die Juden nach Jerusalem zurückkehren und den Tempel wieder aufbauen sollten (538 v. Chr.). In späterer Zeit wurden zum Beispiel Antiochia und Alexandria zu bedeutenden Mittelpunkten jüdischen Lebens.

Auch wenn viele Juden, die in der Zerstreuung lebten, (noch) nicht nach Israel zurückkehren konnten oder wollten, spürten sie das Band, das sie mit Jerusalem und dem Tempel vereinte. Das äußerte sich in großzügigen Geschenken, die die einzelnen Gemeinden dem Tempel weihten, und auch in den langen Reisen, die einzelne Juden aus allen Ecken der Welt unternahmen, um die großen Feste in der Stadt Davids feiern zu können.

70 n. Chr. hatten Jerusalem, der erste und der zweite Tempel, schon seit ungefähr tausend Jahren das religiöse Leben und Hoffen des Judentums bestimmt, innerhalb

Die Jerusalemer Altstadt vom Ölberg aus gesehen. Der Tradition zufolge wurde der Tempel auf dem Berg Morija erbaut, wo Abraham seine Bereitschaft zeigte, seinen Sohn Isaak zu opfern.

und außerhalb Israels. Sie prägten weitgehend die jüdische Identität.

Heute, zwanzig Jahrhunderte später, üben sie noch immer diese Funktion aus. Das war und ist nur möglich, weil in der Klage um die verlorene Stadt immer noch die Hoffnung auf ein neues Jerusalem und einen neuen Tempel weiterlebte. Die folgenden Worte aus einem jüdisch-babylonischen Kommentar (*Midrasch*) zu Jesaja machen dies ganz deutlich: „Wer um Jerusalem trauert, verdient es, ihre Freude zu sehen, und er wird sie auch sehen, denn es steht geschrieben: ‚Freuet euch mit Jerusalem und seid fröhlich über die Stadt, alle die ihr sie liebhabt!' (Jesaja 66,10)“.

Es ist daher nicht überraschend, dass es für die jüdischen Gemeinden in aller Welt mehr als nur irgendeinen x-beliebigen militärischen Erfolg darstellte, als Israel 1967 im Sechstagekrieg Ostjerusalem einnahm. Mit der Einnahme der Altstadt gewann das jüdische Volk sein Herz und seine Seele zurück.

EINE KURZE GESCHICHTE DER HEILIGEN STADT

Von David bis zum Exil

Seit König David (ca. 1000 v. Chr.) war Jerusalem immer der Mittelpunkt des jüdischen Lebens im verheißenen Land gewesen, besonders seit Davids Sohn und Thronerbe Salomo den ersten Tempel erbaut hatte. Selbst nachdem sich das jüdische Volk in zwei rivalisierende Königreiche, Juda und Israel, gespalten hatte, reisten viele Bewohner des nördlichen Reichs der Zehn Stämme dreimal im Jahr nach Jerusalem, um die großen Feste dort zu feiern.

Selbst unter dem Einfluss der siegreichen Assyrer (722 v. Chr.) und Ägypter (609 v. Chr.) blieb die Stadt der Mittelpunkt des jüdischen Lebens, wenn auch mehr und mehr fremde Elemente und religiöse

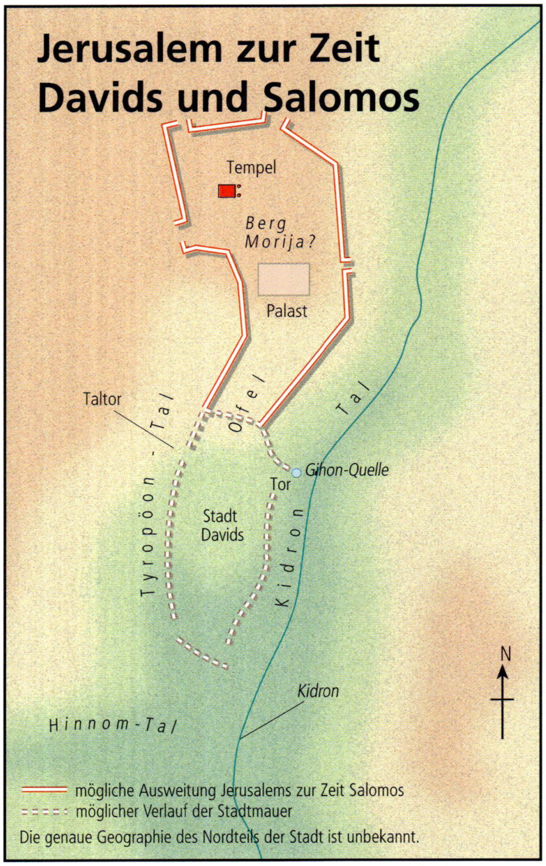

Bräuche der Nachbarvölker ihren Weg in das religiöse Leben der Juden fanden.

Das war der Abfall von Gott, den Propheten wie Jesaja, Joel und Micha aufdeckten und brandmarkten. Sie sagten den Fall Jerusalems und das Exil für die Juden als Strafe Gottes für ihre Taten voraus.

Und diese Strafe traf ein: 587 v. Chr. eroberte Nebukadnezar die Stadt zum zweiten Mal und verschleppte den größeren Teil der Bevölkerung ins Exil nach Babylon. Gott wollte sein Volk mit dieser Strafe zur Besinnung bringen. Die Verschleppten sehnten sich nach ihrer Heimat, und Propheten wie Hesekiel kritisierten sie für das, was sie getan hatten. So wurde dem Volk Mut gemacht, sich wieder dem einen wahren Gott zuzuwenden.

516 n. Chr., mehr als zwanzig Jahre nachdem Kyrus den Juden die Erlaubnis erteilt hatte, nach Jerusalem zurückzukehren, wurde der wieder erbaute Tempel endlich geweiht. Weil Esra und Nehemia dafür gekämpft hatten, konnten jüdischer Glaube und jüdische Kultur in ihrer reinsten Form endlich wieder zu voller Blüte gelangen, und Jerusalem und der Tempel wurden für alle jüdischen Gemeinschaften im Persischen Reich wieder zum Mittelpunkt ihres Glaubens und Lebens.

Perser, Griechen und Römer

Unter der persischen Herrschaft erlebte Jerusalem eine Zeit des Friedens. Religion und Kultur konnten sich relativ frei entfalten. Das änderte sich, als Alexander der Große 332 v. Chr. die Stadt eroberte und dort die hellenistische Kultur einführte, deren Werte und Maßstäbe sich von denen des jüdischen Glaubens grundlegend unterschieden. Besonders unter der Seleukidendynastie (199–141 v. Chr.) wuchsen die Spannungen zwischen Hellenisten und Hellenistengegnern in der Heiligen Stadt.

Als Antiochus IV. die jüdische Religion in Judäa verbot und sogar so weit ging, den

Ein jüdischer Mann beim Gebet an der Klagemauer (West-Mauer), der beeindruckendste Überrest des Tempels des Herodes. Die aus der herodianischen Zeit stammenden Steine sind mit ihrem geglättetem Mauerwerk sehr charakteristisch.

Helena, die Mutter des Kaisers Konstantin, die 326 n. Chr. Jerusalem besuchte, erbaute viele Kirchen. Das berühmteste Beispiel ihrer baulichen Tätigkeiten ist die Grabeskirche. Sie ist mit hoher Wahrscheinlichkeit über der Stätte der Beisetzung Jesu erbaut.

Tempel zu plündern und ihn Zeus zu weihen, provozierte er damit einen Aufstand der Massen, angeführt von Judas Makkabäus (167 v. Chr.). 165 v. Chr. eroberten die Makkabäer Jerusalem zurück und richteten den Tempelgottesdienst wieder ein. Noch heute erinnert man sich jedes Jahr beim Chanukka-Fest daran. 141 v. Chr. erklärten sie die Unabhängigkeit, und Simon, der Bruder von Judas Makkabäus, wurde der erste König aus der Dynastie der Hasmonäer.

Endlich war Jerusalem wieder die Hauptstadt eines unabhängigen jüdischen Staates – bis sie 63 v. Chr. vom römischen Befehlshaber Pompejus eingenommen wurde, der sie zum römischen Protektorat machte.

Unter den Römern genossen die Juden eine gewisse Autonomie in religiösen und juristischen Angelegenheiten. 37 v. Chr. bekamen sie sogar einen eigenen König, Herodes, der allerdings kaum mehr als eine Marionette der Römer war. Dass er sich nie eindeutig zum jüdischen Gesetz bekannte, trug ihm eher Hass als Bewunderung ein. Herodes ging als der große Baumeister Jerusalems in die Geschichte ein: Er vergrößerte und verschönerte den Tempel und errichtete auch viele andere prächtige Bauten in der Stadt. Aber er wurde auch zum brutalen Kindermörder, als er versuchte, den neugeborenen König der Juden zu vernichten.

Weil man sich, gerade in den Kreisen der radikalen Zeloten, wieder nach Unabhängigkeit sehnte, kam es zu Spannungen mit den römischen Herrschern und auch zu Meinungsverschiedenheiten innerhalb der jüdischen Bevölkerung. Das führte zu einem Aufstand gegen Ende des sechsten Jahrzehnts n. Chr. Schließlich konnte Titus, der Sohn Vespasians, Jerusalem 70 n. Chr. einnehmen. Er zerstörte den Tempel und verfolgte die Aufständischen durch das ganze Land.

In Masada, der letzten Festung, die sie noch halten konnten, verübten die Widerstandskämpfer einen Massenselbstmord, um nicht in die Hände der Römer zu fallen.

Der Tempel war zwar aus Jerusalem verschwunden, nicht aber aus dem Herzen des jüdischen Volkes. 132 n. Chr. führte der entschlossene Wille, das Joch der Römer abzuschütteln, noch einmal zur Revolution, dieses Mal unter der Führung von Bar Kochba. 135 wurde der Aufstand von Kaiser Hadrian endgültig niedergeschlagen, indem er die jüdische Bevölkerung von Judäa und Jerusalem fast vollständig deportieren ließ. Jerusalem wurde als römische Garnisonsstadt wieder aufgebaut und in Aelia Capitolina umbenannt. Juden wurde der Zutritt verboten. Im Zuge dieser Maßnahmen wurden die Juden über das gesamte römi-

Jerusalem zur Zeit Jesu

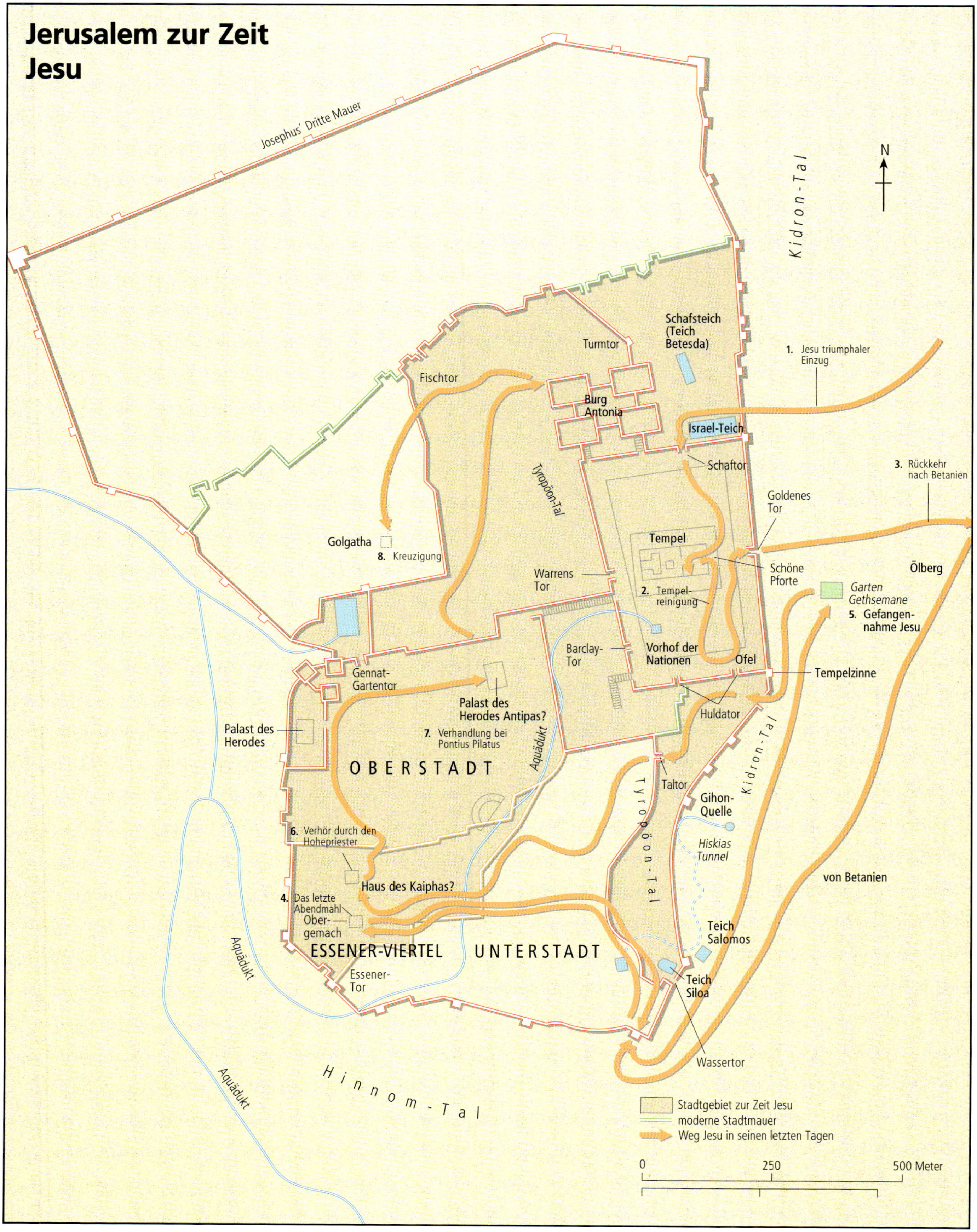

sche Reich verstreut. Die Zeit der großen Diaspora war angebrochen. Jerusalem wurde zum Brennpunkt der jüdischen Sehnsucht.

Das byzantinische Christentum

Die Christianisierung des Römischen Reichs unter Konstantin dem Großen (306–337 n. Chr.) und seinen Nachfolgern bedeutete eine radikale Veränderung des Charakters und der Rolle Jerusalems. Der erste christliche Kaiser gab Jerusalem seinen alten Namen zurück. Auf die Initiative von Helena, der Mutter Konstantins, die Jerusalem 326 n. Chr. besuchte, begann man Kirchen zu bauen. Die Grabeskirche ist das berühmteste Beispiel für ihre bauliche Tätigkeit.

Jerusalem wurde ein wichtiger Wallfahrtsort für die Christen im gesamten Römischen Reich. Viele der Pilger ließen sich sogar für immer im Heiligen Land nieder. Kirchen und Klöster schossen wie Pilze aus dem Boden. In ihrem Eifer für das Wort gerieten die byzantinischen Christen mit den jüdischen Gemeinden aneinander. Viele jüdische Gelehrte wanderten nach Babylon aus. Obwohl es den Juden gestattet war, ihre Religion auszuüben, gab es eine Obergrenze für die Anzahl neuer Synagogen. In einigen Fällen mussten die Juden sogar körperliche Gewalt über sich ergehen lassen. Außerdem war es ihnen noch immer verboten, sich in Jerusalem niederzulassen: Die Aufrechterhaltung dieses Verbots gehörte zu den Bedingungen, unter denen die belagerten Byzantiner die Stadt 638 n. Chr. dem islamischen Kalifen Omar übergaben.

Die Ankunft des Islam

Im siebten Jahrhundert erschienen die islamischen Kalifen auf der Bildfläche, die in kurzer Zeit ein gewaltiges Territorium erobert hatten. Syrien und Palästina gehörten zu den ersten Ländern, mit denen sie ihr Territorium erweiterten.

Der prächtige Felsendom mit seinem goldenem Dach, auf dem Jerusalemer Tempelberg. Mit dem Vordringen des Islam wurde Jerusalem die dritte Heilige Stadt für Muslime.

Die St. Anna-Kirche, nahe des Teiches Betesda, gehört zu dem unbeschädigtem architektonischem Erbe in Jerusalems Geschichte aus der kurzen Ära der Kreuzfahrer.

In Jerusalem änderte sich die Situation durch das Kommen des Islam radikal. In der Stadt breitete sich eine typisch arabische Atmosphäre aus. In vieler Hinsicht bedeutete die islamische Vorherrschaft nach der christlichen Ära unter byzantinischer Herrschaft eine Verbesserung der Situation, nicht nur für die Stadt Jerusalem, sondern auch für die Juden, die trotz der 638 n. Chr. ausgehandelten Bedingungen endlich wieder die Genehmigung erhielten, sich in der Heiligen Stadt niederzulassen. Ansonsten blieben Juden und Christen aber Bürger zweiter Klasse.

Die Kalifen errichteten in der Stadt wunderbare Bauten wie zum Beispiel den Felsendom und die Al-Aqsa-Moschee. Jerusalem wurde nach Mekka und Medina zur dritten Heiligen Stadt des Islam.

Die Kreuzritter

Vier Jahre, nachdem Papst Urban II. dazu aufgerufen hatte, das Heilige Land zu befreien, nahmen die Kreuzritterheere Jerusalem ein (1099 n. Chr.). Die arabische und jüdische Bevölkerung wurde grausam niedergemetzelt. Das Kreuzritterreich, das sich später bis hin nach Galiläa, zur Küste und nach Jericho erstreckte, konnte sich fast neunzig Jahre gegen islamische Gegenangriffe behaupten. Das bedeutendste Erbe, das die Kreuzritter in Jerusalem hinterließen, ist das Interieur der Grabeskirche und die St. Anna-Kirche.

1187 wurde Jerusalem von islamischen Truppen unter der Führung von Saladin zurückerobert, aber erst 1290 wurden die Kreuzritter von den Mamelucken, die ursprünglich aus der Türkei stammten und seitdem die Herrschaft über Ägypten, Palästina und Syrien errungen hatten, endgültig aus dem Land vertrieben.

Die Osmanen

Unter der Herrschaft der türkischen *Osmanen*, die seit 1517 den Mittleren Osten regierten, konnte sich Jerusalem für kurze Zeit erholen. Aufgrund der Entwicklung in Europa, wo die Inquisition viele Opfer forderte, ließen sich Zehntausende von Juden, meist aus Spanien, im osmanischen Reich nieder. Auch die Zahl der jüdischen Einwohner Jerusalems wuchs beachtlich. Suleyman, der ägyptische Vizekönig, baute die Stadtmauern wieder auf, die die Altstadt bis zum heutigen Tag umgeben.

Oben: Die ungewöhnliche Gestaltung des Schreines des Buches, eines der unzähligen Museen Jerusalems, sollte die Form der Krugdeckel wiedergeben, in denen die berühmten Schriftrollen vom Toten Meer nahe bei Qumran entdeckt worden waren.

Gegenüber: Die antike Zitadelle auf den Stadtmauern der Jerusalemer Altstadt, nahe des Jaffa-Tores. Teile dieser Festung stammen aus der Zeit Herodes des Großen.

Nach dem sechzehnten Jahrhundert begann langsam aber sicher der Niedergang der Randgebiete des osmanischen Reichs. Jerusalem verkam zu einer unwichtigen Provinzstadt, außer in den Augen der Juden, die seit 1700 in größerer oder kleinerer Anzahl den Weg aus Nordeuropa in das Land ihrer Väter zurückfanden.

Erneute Unabhängigkeit

Die Juden lebten in Palästina unter schwierigen Bedingungen. Armut und zunehmend auch religiöse Unterdrückung sind die Schlüsselworte, wenn man die Situation von Jerusalem im 19. Jahrhundert beschreiben will. Aber der Jahrhunderte alte Traum erwies sich als stärker als die Hindernisse, die sich ihnen in den Weg stellten. Zwischen 1840 und 1900 wuchs die jüdische Bevölkerung der Stadt von 5 000 auf 35 000 bzw. 62 % der Gesamtbevölkerung.

Spätestens seit 1917, der britischen Mandatszeit, konnte die Stadt Jerusalem wieder ihren ursprünglichen Status als beispielhafte jüdische Stadt beanspruchen. Der Menschenstrom in diese Stadt riss nicht ab, und Jerusalem hörte nicht auf zu wachsen. In kultureller, wirtschaftlicher und politischer Hinsicht wurde die Stadt immer wichtiger. Die Eroberung von Westjerusalem im Unabhängigkeitskrieg und die Wiedervereinigung mit der Altstadt 1967 machten die Heilige Stadt in mehr als einer Beziehung wieder zum Mittelpunkt der Welt, wie es Landkarten aus dem Mittelalter häufig darstellten.

Jerusalem, Stadt der Zukunft

Jerusalem ist eine Stadt mit einer großartigen Vergangenheit, in der aber auch die Gewalt deutlich sichtbare Spuren hinterließ. Doch sie ist auch die Stadt der Zukunft. Nicht nur im Judentum nimmt sie einen besonderen Platz ein. Auch Christen und Moslems fühlen sich dieser Stadt tief verbunden. Man kann sie nicht vom Leben Jesu und den Heilstatsachen wie Kreuz und Auferstehung trennen. Für die Moslems ist sie nach Mekka und Medina die dritte Heilige Stadt, denn hier wurde der Prophet in den Himmel entrückt.

Außerdem verbinden Juden, Christen und Moslems Jerusalem mit dem zukünftigen Friedensreich, das Gott errichten wird. Durch alle Zeitalter hindurch hat diese Überzeugung die Herzen der Gläubigen in heiliger und leider manchmal auch in unheiliger Weise inspiriert.

Auch heute ist die Stadt kein Vorbild an harmonischem und friedlichem Zusammenleben. Trotzdem können wir aus Jesajas Worten Mut schöpfen: „Schaue auf Zion, die Stadt unsrer Feiern! Deine Augen werden Jerusalem sehen, eine sichere Wohnung, ein Zelt, das nicht mehr abgebrochen wird.

Ein Teil des wiederhergestellten Cardo Maximus in der Jerusalemer Altstadt, der beeindruckenden Nord-Süd-Hauptverkehrsader des byzantinischen Jerusalems, die ursprünglich von Geschäften gesäumt war.

Gegenüber: Der Felsendom steht über dem Felsen, auf dem Abraham seinen Sohn Isaak opfern sollte. Das Gebäude ist mit Ornamenten verziert, da der Islam die Wiedergabe von lebenden Geschöpfen verbietet.

Seine Pflöcke sollen nie mehr herausgezogen und keines seiner Seile zerrissen werden" (Jesaja 33,20). Das Schicksal dieser Stadt liegt nicht in unserer, sondern in Gottes Hand. Wir wollen beten, dass Jerusalem in Frieden leben kann.

JERUSALEM HEUTE

Das heutige Jerusalem kann man nicht mit der heruntergekommenen, armen und tristen Provinzstadt vergleichen, wie sie sich Reisenden im neunzehnten Jahrhundert darbot. Hermann Melville schrieb 1857: „Die Stadt blickt dich mit den kalten grauen Augen eines alten apathischen Mannes an." So wirkte sie nicht nur auf Reisende, die Jerusalem besichtigten; dieses Bild bot sich auch den vielen Juden, die in der Mehrzahl aus Osteuropa ausgewandert waren, um sich im verheißenen Land niederzulassen.

Seit der zweiten Hälfte des neunzehnten Jahrhunderts stellen Juden die Bevölkerungsmehrheit in Jerusalem. Dem unglaublichen Durchhaltevermögen dieser Pioniere und ihrer Nachkommen, die von Finanziers wie Baron Edmond de Rothschild und Sir Moses Montefiore uneigennützig unterstützt wurden, verdankt die Stadt heute ihr Erscheinungsbild. Die Zionisten legten den Grundstein für die ersten Verwaltungsstrukturen sowie gesellschaftliche und kulturelle Errungenschaften, von denen Jerusalem heute profitiert. Das explosionsartige Wachstum und die Modernisierung der Stadt begann 1917 unter der britischen Mandatsregierung und setzte sich fort, besonders als 1948 die Unabhängigkeit ausgerufen wurde. Nach der Wiedervereinigung 1967 wurde die Altstadt mit aller zur Verfügung stehenden Energie restauriert.

DIE ALTSTADT

Viele Besucher, die heute nach Jerusalem kommen, machen eine merkwürdige Erfahrung. Sie werden das Gefühl nicht los, einen Mosaikstein nach dem anderen zu betrachten, ohne sich eine Vorstellung vom ganzen Bild machen zu können. Das gilt besonders für den einen Quadratkilometer, auf dem die Altstadt liegt. Hier treffen vier vollkommen unterschiedliche Kulturkreise und ihre heiligen Stätten aufeinander.

Der Tempelberg

Über der Altstadt thront die ausgedehnte Ebene des Tempelbergs, des *Haram al-Scharif*, mit dem Felsendom und der Al-Aqsa-Moschee. Von Abd al-Malik zwischen 688 und 691 erbaut, ist der Felsendom eines der schönsten Beispiele früher islamischer Architektur im syrisch-byzantinischen Stil. Obwohl er im Lauf der Jahrhunderte ausgebaut und erweitert wurde, hat er seine ursprüngliche Form behalten. Sein Standort, das schillernde Spiel der Farben auf den Kacheln der Außenwand und die goldene Kuppel (die vor nicht allzu langer Zeit auf Kosten des jordanischen Königs Hussein renoviert wurde) verleihen dem Bau ein eindrucksvolles Flair. Seine große religiöse Bedeutung leitet das Heiligtum von dem Felsen her, über dem es erbaut wurde. Hier soll der Prophet Mohammed während einer nächtlichen Reise in den Himmel aufgestiegen sein. Dieser Geschichte, die auch im Koran erzählt wird, verdankt der Felsendom seine Stellung als drittheiligste Stätte des Islam nach Mekka und Medina. Zahllose Moslems, die sich meistens auf dem Weg nach Mekka befinden, besuchen Jerusalem, um zu beten und zu meditieren.

Ein Abschnitt der Klagemauer in der Jerusalemer Altstadt ist jahrhundertelang von den Juden, die hierher zum Gebet und zur Lesung aus dem Buch der Klagelieder kommen, als heiliger Ort verehrt worden.

Anders als der Felsendom ist die Al-Aqsa-Moschee eine ganz normale Moschee, die etwa viertausend Moslems für das Freitagsgebet Platz bietet. Man kennt weder die genaue Geschichte noch die Entstehungszeit dieses Baus, weiß aber, dass er aus frühislamischer Zeit stammt. Nach einem Großfeuer 1969 wurde die Moschee sorgfältig restauriert. Der Name ‚al-Aqsa' bedeutet ‚am weitesten entfernt' und bezieht sich ebenfalls auf die Koranerzählung von Mohammeds nächtlicher Reise. Der Engel Gabriel brachte den Propheten von Mekka zu einer ‚weit entfernten Anbetungsstätte' (al-masjid al-Aqsa), wo er sein sagenhaftes, geflügeltes Pferd Buraq an einer Mauer festband (der Klagemauer, die den Moslems deshalb ebenfalls heilig ist). Vom Felsen aus wurde er danach in den Himmel getragen und empfing dort die endgültige Offenbarung.

Die Klagemauer

Nach der Zerstörung des zweiten Tempels 70 n. Chr. rückte die Westmauer des Tempelbergs in den Mittelpunkt des jüdischen Glaubenslebens. Jahrhunderte hindurch beklagten die Juden hier, am letzten Überbleibsel des herodianischen Tempelkomplexes, die Zerstörung der Stadt und beteten für ihren Wiederaufbau. Dass die Mauer nicht, wie man lange glaubte, zum eigentlichen Tempel gehörte, tut der tiefen emotionalen und geistlichen Bedeutung dieser Stätte und der Ereignisse, an die man sich erinnert, keinen Abbruch. In der Zeit der byzantinischen Herrschaft (viertes bis siebtes Jahrhundert n. Chr.) durften sich die Juden nicht in Jerusalem niederlassen. Man gestattete ihnen lediglich, einmal im Jahr die Stadt zu besuchen, und zwar am 9. Av, dem Tag, an dem man der Zerstörung des Tempels gedachte – eine vielsagende historische Tatsache.

Zwischen dem Unabhängigkeitskrieg 1948 und dem Sechstagekrieg 1967 stand Ostjerusalem unter jordanischer Verwaltung, und Juden wurde der Zutritt zur Klagemauer verwehrt. Nachdem die Altstadt zurückerobert war, war diese frustrierende Situation endgültig überwunden. Der heruntergekommene arabische Abschnitt neben der Mauer wurde geräumt, um einem weitläufigen Platz zu weichen, wo Hunderte von Juden heute jeden Tag stehen, um zu beten und die Schriften zu studieren. Viele von ihnen schreiben Bitten und Gebete auf kleine Zettelchen und stecken sie in die Mauerritzen, um die göttliche Gegenwart, die den Tempel nie verlassen hat, auf sie aufmerksam zu machen.

Entsprechend den jüdischen Vorschriften beten Frauen und Männer an verschiedenen Stellen. An Festtagen breitet sich eine bunte Mischung aus Farben und Geräuschen aus, aber auch an gewöhnlichen Tagen trifft man dort viele Menschen an. An Montagen und Donnerstagen (den früheren Markttagen, an denen man vom Land für einen Tag in die

Ein jüdischer Mann in Jerusalem, der seinen Gebetsschal und Phylakterien oder Tefillin – zwei kleine, würfelförmige Kapseln – trägt, die durch Riemen an der Stirn und am linken Arm befestigt sind und vier biblische Texte enthalten. Die Phylakterien werden für die Rezitation der Morgengebete getragen.

Stadt kam) wird man als Besucher oft Zeuge einer *Bar Mizwa* an der Mauer. Es ist nicht ungewöhnlich, dass der Junge, der mit dieser Feier ein voll berechtigtes Mitglied der jüdischen Gemeinde wird, Tausende von Kilometern mit seiner Familie zurückgelegt hat, um die Zeremonie hier zu begehen.

Jeden Tag sieht man viele orthodoxe und ultra-orthodoxe Juden, die zur Mauer kommen, um zu beten oder zu lesen. Ihre typische schwarze Kleidung hebt sich scharf vom sonnenbeschienenen, hell gepflasterten Platz ab. Viele von ihnen tragen lange Schläfenlocken (*Pejot*) und einen Gebetsmantel (*Tallit*). Alle tragen ein Käppchen oder manchmal sogar einen Pelzhut (*Streimel*). Wenn sie die Gebete oder Texte rezitieren, wiegen sie dazu Kopf und Oberkörper (*schokeln*). Sie stechen aus der bunten, westlich oder orientalisch gekleideten Menge von Juden, Soldaten und Touristen sofort heraus.

Das jüdische Viertel

Die Juden kehrten in mehreren Wellen in das Heilige Land zurück. Im fünfzehnten und sechzehnten Jahrhundert emigrierten viele *Sepharden* aus Spanien und Portugal in den Osten, um der Inquisition zu entgehen. Seit dem Ende des siebzehnten Jahrhunderts folgten die osteuropäischen Juden, die *Aschkenasim*, ihrem Beispiel, weil auch sie von Repressalien bedroht wurden. So wuchs in Jerusalem südwestlich des Tempelbergs langsam aber sicher eine jüdische Gemeinde heran. Vor 1948 gab es im jüdischen Viertel 58 Synagogen und viele Schulen (*Jeschiwot*). Die Hurva-Synagoge war die wichtigste unter ihnen.

Nach 1948 benutzte die jordanische Regierung das Viertel, um dort Flüchtlinge unterzubringen. Man nahm ihm systematisch den jüdischen Charakter, indem man die Synagogen und *Jeschiwot* abriss. Als die Israelis 1967 wieder die Kontrolle über das Gebiet erlangten, bot sich nur eine einzige vernünftige Möglichkeit an, nämlich das ganze Viertel vollständig neu zu errichten.

Im Zuge der Wiederaufbauarbeiten machte man eine Reihe von archäologischen Funden, die stilsicher in das neue jüdische Viertel integriert wurden. Dazu gehören der *Cardo maximus*, die von Säulen gesäumte alte römische Hauptstraße quer durch Jerusalem, und die breite Mauer, eine alte Stadtmauer, die wahrscheinlich auf die Zeit des Königs Hiskia zurückgeht (8. Jahrhundert v. Chr.).

Das wichtigste Denkmal aber musste man nicht erst ausgraben, denn jeder konnte es mit eigenen Augen sehen: Es handelte sich um die Ruinen der Hurva-Synagoge. Für Juden und Christen ist der eine restaurierte Bogen der Kuppelkonstruktion ein sinnfälliges Symbol für die ungebrochene Kraft von Gottes ewigem Bund mit seinem Volk: „Er sendet eine Erlösung seinem Volk; er verheißt, dass sein Bund ewig bleiben soll" (Psalm 111,9).

Das neue jüdische Viertel ist beträchtlich größer als das alte und bietet all die Annehmlichkeiten eines westlichen Wohnviertels. Außerdem gehört es zu den teuersten Bezirken in Jerusalem. Die etwa 3 500 Bewohner sind in der Regel orthodoxe Emigranten aus den Vereinigten Staaten und anderen westlichen Ländern, im Gegensatz zu den Bewohnern eines anderen orthodoxen Viertels, *Mea Schearim*, die hauptsächlich aus Osteuropa stammen.

Im neuen Viertel pulsiert das Leben, die bunte Mischung von Geschäften, Studios, Galerien, Restaurants, Cafés und Sehenswürdigkeiten zieht viele Touristen an. Zwischen den Häuserblöcken, neuen Synagogen und Schulen hat man Kinderspielplätze eingerichtet. Daneben sitzen die Alten im Schatten auf der Bank und plauschen miteinander. Man denkt an die Worte des Propheten Sacharja: „Es sollen hinfort wieder sitzen auf den Plätzen Jerusalems alte Männer und Frauen, jeder mit seinem Stock in der Hand vor hohem Alter, und die Plätze der Stadt sollen voll sein von Knaben und Mädchen, die dort spielen" (Sacharja 8,4f).

Dieser Torbogen erinnert an die Hurwa Synagoge in der Jerusalemer Altstadt, die durch die ersten aschkenasischen Juden gegründet worden war, die erst 1700 als Gruppe eintreffen sollten. 1858 erbaute man eine große Synagoge auf dieser Stätte, die aber 1948 zerstört wurde.

Das arabische Viertel

Das arabische Viertel im Nordosten der Altstadt bestätigt die stereotypen Vorstellungen, die wir vom Orient pflegen. Der Mittelpunkt des Viertels ist der Basar (*suq*), der mitten in einem Labyrinth von Straßen und Alleen liegt. Handwerker und kleine Händler bieten alle nur denkbaren Waren feil. Es ist eine faszinierende Welt der Farben, Gerüche und Geräusche. Zu bestimmten Zeiten kann man den Gebetsruf des *Muezzin* über die Köpfe der Händler hinweg hören, die laut mit ihren Kunden verhandeln. Auch die Kirchenglocken des angrenzenden christlichen Viertels kann man hier hören.

Das arabische Viertel hatte unter der jordanischen Regierung 1948–1967 weniger zu leiden als das jüdische Viertel und konnte so seinen ursprünglichen Charakter besser bewahren. Trotzdem musste man einen tiefgreifenden Plan zur Renovierung des Viertels ins Auge fassen, um den Bedürfnissen des modernen Lebens gerecht zu werden. 1967 gab es fast nirgendwo im ganzen Viertel fließendes Wasser, Elektrizität oder moderne Kanalisation. In den letzten Jahrzehnten hat der Stadtrat dafür gesorgt, dass die Bedingungen drastisch verbessert wurden.

Das christliche Viertel

Das christliche Viertel im Nordwesten der Altstadt ist unser dritter Mosaikstein. Die Grabeskirche ist das bedeutendste steinerne Zeugnis des Glaubens in diesem Viertel. Obwohl dieses Heiligtum für die Kirche von zentraler Bedeutung ist, strahlt es doch nicht so viel Pracht und Machtbewusstsein aus wie zum Beispiel der Petersdom in Rom. Wer die Kirche besucht, wird vielleicht sogar etwas enttäuscht sein. Sie wurde zwischen 326 und 335 auf die Initiative Helenas, der Mutter Konstantins des Großen, hin gebaut. Der Kalif al-Hakim ließ sie 1009 fast vollständig einreißen. Ihr heutiges Aussehen verdankt sie den Kreuzrittern, die den Wiederaufbau 1149 abschlossen.

Die eigentliche Bedeutung der Kirche liegt aber nicht in ihrem Alter oder der Architektur, sondern in der Tatsache, dass sie über der Stätte errichtet wurde, wo Jesus aller Wahrscheinlichkeit nach gekreuzigt und begraben wurde. Darum besuchen Zehntausende christlicher Pilger jedes Jahr diese Kirche, die von anderen Gebäuden eng umschlossen wird. Auf der einen Seite verbindet dieses Wissen die Pilger, die in diese Kirche hineinströmen, auf der anderen Seite sorgt es auch für Disharmonie und Rivalität unter den Konfessionen. Nicht weniger als sechs verschiedene Kirchen (die römisch-katholische, griechisch-orthodoxe, syrisch-orthodoxe, armenische, kopti-

Geschäfte im arabischen Markt in der Jerusalemer Altstadt.

Oben: Ein orthodoxer Priester mit einem hölzernen Kreuz bei der Karfreitags-Gedenkprozession nahe der Grabeskirche (Jerusalem).

Oben rechts: Pilger stehen Schlange, um die angenommene Grabstätte Jesu im Innern der Grabeskirche zu betreten.

sche und äthiopische) teilen sich die Grabeskirche. Sie beobachten sich gegenseitig voller Eifersucht und setzen gerne ihre jeweiligen Rechte durch, selbst wenn das auf Kosten der Ehrfurcht vor Gott und der Wahrung der andächtigen Atmosphäre geht.

Das armenische Viertel

Das armenische Viertel liegt wie eine Festung innerhalb der Stadtmauern im Südwesten der Altstadt. Etwa 1600 Armenier leben hier, und sie bewohnen das, was von einem großen Klosterkomplex aus dem Mittelalter noch übrig geblieben ist. Grund und Boden sind immer noch Eigentum eines Ordens, der Bruderschaft des heiligen Jakobus. Bei den Einwohnern handelt es sich neben dem Patriarchen und etwa achtzig Priestern und Seminaristen um Laien, meist Kaufleute und Händler. Armenier gibt es seit etwa 1700 Jahren in Jerusalem. Ihr Viertel ist das einzige, das noch genau dort liegt, wo es auch im fünften Jahrhundert gelegen hat.

Die großen Tore in der Mauer, die das Viertel umgibt, werden zur Nacht geschlossen und am Tag sorgfältig bewacht. Wer das Viertel betreten will, muss den Zweck seines Besuchs genau angeben. Die Armenier leben relativ isoliert von der restlichen Stadtbevölkerung und versuchen sich aus den Spannungen zwischen Israelis und Palästinensern herauszuhalten. Wahrscheinlich ist das nicht nur eine Überlebensstrategie. Schließlich teilen die Armenier mit den Juden die schreckliche Erinnerung an einen Versuch, sie als Volk auszulöschen (Türkei 1918) und mit den Palästinensern die Sehnsucht nach einem größeren Maß an Unabhängigkeit.

Die Stadt der vielen Gesichter

Die religiösen und ethnischen Grenzen, die sich so deutlich durch die verschiedenen Viertel der Altstadt ziehen, kann man in gewissem Ausmaß auch in der Neustadt wiederfinden, die man in der Mitte des neunzehnten Jahrhunderts zu errichten begann. In jedem Fall gilt das für eines der ältesten Viertel direkt außerhalb der Mauer, Mea Schearim, den Mittelpunkt des ultra-orthodoxen Judentums in Jerusalem. Hier wohnen hauptsächlich chassidische Juden, die den Lebensstil und die Traditionen der alten europäischen *Schtetl* und Ghettos bewahren.

Mit dem Bau des Viertels wurde 1874 begonnen. Einer der Gründe, sich außerhalb der Altstadt anzusiedeln, lag für die ersten Bewohner darin, dass sie sich so rein wie möglich halten und Einflüsse von außen auf ein Minimum begrenzen wollten. Auch heute noch reagieren die Bewohner mit unvorhergesehener Heftigkeit auf Außenseiter, die sich ihren Regeln nicht anpassen, wobei das Spektrum von Kommentaren über aufreizende Kleidung bis hin zu Steinwürfen auf Autos geht, die sich am Sabbat in das Viertel verirrt haben.

Wer diese sensiblen Punkte zu vermeiden weiß, wird in Mea Schearim eine faszinierende Gemeinschaft finden, in der sich das Leben um die vielen Synagogen und *Jeschiwot* dreht. In den kleinen Geschäften wird ein Überfluss an jüdischen Büchern, religiösen Gegenständen, kunsthandwerklichen Arbeiten aus Silber und koscherem Essen angeboten.

Wenn man auf den Gedanken verfallen sollte, dass es sich bei Mea Schearim um ein extremes Beispiel handelt, sollte man sich auch andere Viertel in der Neustadt ansehen, die ebenfalls eine mehr oder weniger durch Kultur oder Religion bestimmte Identität zur Schau stellen. Ganz offensichtlich gibt es den ‚typischen' Jerusalemer (noch?) nicht. Wo in anderen Städten die verschiedenen Gruppen lange zusammengelebt haben und schließlich eine mehr oder weniger homogene, typische Stadtbevölkerung entstand, leben hier zurzeit die verschiedenen ethnischen, kulturellen und religiösen Gruppierungen Seite an Seite, ohne ihre Eigenarten aufzugeben.

Ein orthodoxer Jude in der typischen osteuropäischen Kleidung aus dem neunzehnten Jahrhundert und mit den kennzeichnenden Schläfenlocken betet an der Klagemauer Jerusalems.

Die Erklärung dafür muss man vielleicht in der einzigartigen Stellung Jerusalems als Heiliger Stadt suchen: Die Menschen kommen hierher, um nach ihren Wurzeln zu suchen. Wer nach Jerusalem reist, will nicht in einem Schmelztiegel der Kulturen untergehen, sondern sich seiner eigenen Identität voll bewusst werden. Ganz gewiss gilt das für viele der Jerusalemer Juden, die aus über hundert Ländern stammen und erst hier entdecken, welche kulturellen Gräben sie von ihren Mitjuden aus anderen Teilen der Welt trennen. Sie alle verbindet die Sehnsucht nach der Stadt Davids. Doch ihre eigene Tradition und Kultur, die ihnen half, im

Angesicht der Unterdrückung zu bestehen, können sie nicht gerade in dem Moment aufgeben, in dem ihre Ideale Wirklichkeit werden. So wurde Jerusalem zur Heimat vieler Juden, die alle in die gleiche Richtung schauen, sich aber nicht immer gegenseitig ansehen.

Ähnliche Phänomene spielen auch innerhalb der christlichen und islamischen Gruppen eine Rolle, und natürlich erst recht im Verhältnis der drei großen Religionen zueinander. Das macht die Arbeit des Stadtrates nicht einfacher, selbst wenn man die sensible politische Situation in der Stadt außer Acht lässt. Trotzdem ist in den über dreißig Jahren seit der Wiedervereinigung Jerusalems viel Gutes geschehen, nicht zuletzt dank des unermüdlichen Einsatzes des früheren Bürgermeisters Teddy Kollek für das Gemeinwohl.

Wachstum und Modernisierung

Seit der Wiedervereinigung 1967 ist Jerusalem eine moderne Metropole mit über 500 000 Einwohnern geworden. Etwa 150 schattige Grünflächen und Parks im gesamten Stadtgebiet bieten Erholung von der stechenden Hitze und dem Staub der Stadt.

Die meisten der neu angelegten Vorstädte, in denen hauptsächlich Juden wohnen, liegen in einem Gebiet, das die Altstadt von Norden nach Süden umschließt. Hinter dieser Entwicklungspolitik steht ein strategischer Regierungsplan: Im Hinblick auf die Friedensverhandlungen macht eine starke jüdische Präsenz in Ostjerusalem eine eventuelle Teilung praktisch unmöglich. Diese Linie steht ganz und gar in Einklang mit einem Gesetz, das die *Knesset* 1982 verabschiedete und dass das ganze Jerusalem als unteilbare Hauptstadt Israels bezeichnet.

Auch wenn diese nationalistische Strategie notwendigerweise zu Spannungen führt, wirbt die Politik des Stadtrats um Fortschritt, Toleranz und Demokratie. Zum ersten Mal in der Geschichte dieser Stadt gibt es wirkliche Religionsfreiheit, und die Heiligtümer aller nationalen Gruppierungen können ohne Schwierigkeiten besucht werden. Eine wachsende Anzahl von Stadtbezirken wird von einer jüdisch-arabischen Körperschaft verwaltet, die Entscheidungen in kulturellen und Bildungsangelegenheiten trifft und über kleinere Bauprojekte entscheidet.

Die medizinische Versorgung, das Sozialwesen und das kulturelle Angebot haben sich in allen Stadtvierteln merklich verbessert. Neue Schulen, Krankenhäuser, Begegnungsstätten, Altenheime und Vorschulen tragen zu einem höheren Lebensstandard bei.

Eine weitere wertvolle Errungenschaft ist die Arabische Zentralbibliothek. Sie öffnete 1992 in Ostjerusalem ihre Pforten und ist heute ein bedeutendes Kulturzentrum und ein Treffpunkt für junge Araber. Viele kostspielige Projekte in Jerusalem wurden und werden von wohlhabenden Gönnern der Stadt finanziert. Der prächtige Neubau für den Obersten Gerichtshof wurde von der Familie Rothschild gestiftet. Auch die ‚Jerusalem Foundation', 1966 in den USA gegründet, spendet große Beträge. Heute arbeitet sie international und sammelt Spenden für unzählige kulturelle Projekte, die der ganzen Bevölkerung von Jerusalem zugute kommen.

Diese Projekte sollen alle Toleranz und gegenseitigen Respekt unter den verschiedenen ethnischen Gruppen fördern. Bis 1993 war Teddy Kollek die treibende Kraft hinter der Entwicklung zu einem offenen, pluralistischen und demokratischen Jerusalem, das allen Bewohnern Raum zur Entfaltung bieten sollte. Dass weite Teile der Bevölkerung hinter seiner Politik standen, geht aus der folgenden Bemerkung von Saul Bellow hervor: „Kollek liebt seine Stadt, davon kann sich jeder überzeugen. Selbst wer ihn beleidigt und schlecht macht, muss das zugeben. Christen und Araber mögen mit einer jüdischen Verwaltung nicht glücklich sein, aber mit Kolleks Verwaltung sind sie es. Ich habe sogar von einigen gehört, dass Kollek ohne die Unterstützung der arabischen Wähler nicht wieder gewählt worden wäre. Manchmal wird er sogar der ‚arabische Politiker' genannt."

Wir wollen hoffen und beten, dass diese Sehnsucht nach Fortschritt, Offenheit und Toleranz auch weiterhin die Triebkraft für die Entwicklung der Heiligen Stadt bleibt, denn wozu das Gegenteil führen kann, macht das eindrucksvollste und doch beunruhigende Denkmal in Jerusalem klar: *Jad Vaschem*, wo man der Opfer des Holocaust gedenkt.

JÜDISCHE FEST- UND GEDENKTAGE

Die Fest- und Gedenktage des jüdischen Kalenders kann man in zwei Gruppen unterteilen. In die erste Gruppe fallen alle biblischen Feste, die Gott selbst eingerichtet hat (3. Mose 23). Dazu gehören neben dem wöchentlichen Sabbat das *Passahfest* (Ostern), *Schawuot* (Wochen- oder Pfingstfest), *Rosch Haschanah* (das jüdische Neujahrsfest), Jom Kippur (Versöhnungstag) und *Sukkot* (Laubhüttenfest).

Zur zweiten Gruppe gehören Feste und Trauertage mit historischem Hintergrund, wie Chanukka (Weihefest), Purim (Fest der Lose), Tischa be-Av (Trauertag am 9. Av zur Erinnerung an die Zerstörung des Tempels), Jom ha-Atzma'ut (Unabhängigkeitstag) und Jom Jeruschalajim (Befreiung Jerusalems).

Schließlich verleihen auch Familienfeste dem Leben in Israel Farbe: die Feiern zur Beschneidung, Bar Mizwa, Hochzeiten und Trauertage für die Verstorbenen.

Die religiösen Feiertage werden im heutigen Israel immer noch allgemein eingehalten, auch wenn der religiöse Hintergrund für viele verloren gegangen ist. Nach dem jüdischen Kalender, dem *luach*, werden sie an festen Terminen gefeiert, dem christlichen Kalender nach scheinen es aber bewegliche Feiertage zu sein. Der Grund ist schnell erklärt: Die Juden haben einen Mondkalender, während der christliche Kalender auf dem Sonnenjahr basiert.

Der jüdische Kalender

Das Mondjahr hat ungefähr 354 Tage, das

Junge jüdische Besucher Jerusalems singen und klatschen auf dem Weg zu einer Gedenkfeier an der Klagemauer.

Wichtige jüdische Fest- und Gedenktage

Biblische Feste	Monate/Daten	Historische Feste und Jahrestage
Passah (Pessach)	**Nisan**	
	(März/April)	
	15.-22.	
	27.	**Jom Haschoa**
	Ijjar	
	(April/Mai)	
	5.	**Jom ha-Atzma'ut**
	18.	**Lag ba-'Omer**
	28.	**Jom Jeruschalajim**
	Siwan	
	(Mai/Juni)	
Schawuot	6. und 7.	
	Tammus	
	(Juni/Juli)	
	17.	Einnahme von Jerusalem
	Aw	
	(Juli/August)	
	9.	**Tischa be-Av**
		Zerstörung des Tempels
	Elul	
	(August/September)	
	Tishri	
	(September/October)	
Rosch Haschanah	1.	
Jom Kippur	10.	
Sukkot	15.-21.	
Shemini Atzeret	22.	
Simchat Tora	22. und 23.	
	Marcheschwan	
	(Oktober/November)	
	Kislew	
	(November/Dezember)	
	25.	**Chanukka**
	Tewet	
	(Dezember/Januar)	
	Schewat	
	(Januar/Februar)	**Chamischa Assar Be-**
	15.	**Schewat**
		Neujahr der Bäume
	Adar	
	(Februar/März)	
	14.	**Purim**

Sonnenjahr dagegen ungefähr 365. Deshalb ist das jüdische Jahr nach Ablauf von zwölf Monaten dem christlichen Jahr etwa 11 Tage voraus. Noch bedeutsamer ist allerdings, dass sich die jüdischen Monate auch gegenüber den vier Jahreszeiten verschieben. Ohne Korrektur käme es zu Problemen, weil die Pilgerfeste (*Passah, Schawuot* und *Sukkot*) einen landwirtschaftlichen Hintergrund besitzen und deshalb an bestimmte Jahreszeiten gebunden sind. Nach acht oder neun Jahren würde sich das Passahfest beispielsweise vom Frühlingsbeginn mitten in den Winter verschieben. Um das zu verhindern, wird innerhalb von neunzehn Jahren sieben Mal ein Schaltmonat – der sogenannte *adar scheni* (‚zweiter Adar', Adar ist der letzte Monat des jüdischen Jahres) – eingeschoben.

Der jüdische Monat beginnt und endet mit dem Neumond. Im alten Israel wurde der Beginn eines neuen Monats vom Sanhedrin bestimmt und bekannt gegeben (*Kiddusch ha Hodesch*). Das konnte erst geschehen, wenn zwei vertrauenswürdige Mitglieder der Gemeinschaft bezeugt hatten, dass sie den Neumond gesehen hatten. Der Tag nach ihrer Zeugenaussage (die natürlich auch bestätigt werden musste) war der erste Tag des neuen Mondes (Monats) (*Rosch Hodesch*).

Zu biblischer Zeit war Rosch Hodesch ein Festtag, an dem man besondere Opfer darbrachte und die Trompeten blies (4. Mose 10,10). Heute wird der neue Monat am Sabbat vor dem Neumond in den Synagogen verkündet. Den festlichen Charakter dieses Tages hat man mit einer besonderen Liturgie und Gebeten in diesem Gottesdienst bewahrt.

Erst Hillel II. führte im 4. Jahrhundert einen festen Kalender ein. Bis dahin wurde der Monatsanfang durch Zeugen bestimmt, so dass niemand im Voraus wusste, ob der nächste Monat 29 oder 30 Tage haben würde. Das hing allein von den beiden Zeugen ab: Wenn sie am 29. Tag auftauchten, hatte der vorausgegangene Monat 29 Tage gehabt, wenn sie dagegen erst am 30. Tag kamen, dann waren es eben 30 Tage gewesen.

Weil die Feiertage auf feste Termine fielen (Jom Kippur zum Beispiel auf den 10. Tischri), musste der offizielle Monatsbeginn allen jüdischen Gemeinden in- und außerhalb Palästinas bekannt gemacht werden. In der Zeit des Zweiten Tempels geschah das, indem man große Feuer auf den Hügeln anzündete, womit man auf dem Ölberg in Jerusalem begann.

Dieses System funktionierte sehr zuverlässig, und innerhalb kurzer Zeit konnte man sogar die jüdischen Gemeinden in Babylonien erreichen. Es war aber auch sehr anfällig gegenüber Sabotage: Um Verwirrung zu stiften, zündeten in späterer Zeit anti-rabbinische Sekten und Samaritaner oft Feuer zu verschiedenen Zeiten an. Der Sanhedrin reagierte darauf, indem er das korrekte Datum durch Boten verbreiten ließ. Diesen Boten war es aber unmöglich, rechtzeitig zu den Festen in den Gemeinden der Diaspora anzukommen. Deshalb entwickelte sich in den Gemeinden außerhalb des Heiligen Landes der Brauch, die Feste an zwei aufeinander folgenden Tagen zu feiern, so dass wenigstens einer von ihnen auf das richtige Datum fiel. Nach der Einführung eines festen Kalenders behielt man diesen ‚zweiten Feiertag des Exils' in Anerkennung der Vorrangstellung von Palästina unter den jüdischen Gemeinden bei. Der zweite Weihnachts-, Oster- und Pfingsttag geht ebenfalls auf diesen Brauch zurück, der der puren Notwendigkeit entsprang.

Eine letzte Bemerkung muss noch zum jüdischen Kalender gemacht werden. In 2. Mose 12,2 spricht Gott bei der Einsetzung des Passahfestes vom Nisan, dem Monat des Auszugs aus Ägypten, als dem ersten Monat „bei euch". So wurde der Nisan zum ersten Monat des religiösen Jahres.

Dem Kalender nach fällt der Neujahrstag *Rosch Haschanah* auf den 1. Tischri, den siebten Monat. Auch dieser Tag wurde von Gott zum Feiertag bestimmt (4. Mose 29,1). Der Überlieferung nach wurde die Welt am 1. Tischri geschaffen, und daher war es nur natürlich, den Kalender an diesem Tag beginnen zu lassen. Um das jüdische Jahr auf der Grundlage des christlichen Kalenders zu bestimmen, muss man bis zum 1. Tischri 3760 Jahre dazuzählen, nach dem 1. Tischri bis zum 1. Januar des folgenden Jahres 3761.

BIBLISCHE FESTE

Von Passah bis Schawuot

„Ich bin der HERR, dein Gott, der ich dich aus Ägyptenland, aus der Knechtschaft, geführt habe" (2. Mose 20,2). Dieses Wort, das die Zehn Gebote einleitet, die Gott seinem Volk am Berg Sinai gab, trifft den Kern des Passahfestes. Das Passahfest feiert die Befreiung von der Sklaverei. Gott hatte Jakobs Nachkommen, die jahrhundertelang als Fremde in Ägypten unterdrückt und ausgebeutet wurden, erwählt und befreit, und mit ihm begannen sie ihre Geschichte als unabhängige Nation.

Nachdem sie Ägypten verlassen und einige Monate in der Wüste umhergezogen waren, besiegelte Gott auf dem Berg Sinai einen ewigen Bund mit den zwölf Stämmen Israel, so wie es in der Tora festgehalten ist. Dieses Ehrfurcht gebietende Ereignis bezeichnet die eigentliche Geburtsstunde der Nation Israel, hier wird die Befreiung, die mit dem *Passah* begann, vollendet. Die Gesetzgebung am Berg Sinai ist das zentrale Thema von *Schawuot*, das sieben Wochen nach *Passah* gefeiert wird. Dass diese beiden Feste eng miteinander in Verbindung stehen, wird daraus ersichtlich, dass der Talmud *Schawuot* in der Regel als *Atzeret*, die ‚Vollendung' des Passahfestes, bezeichnet.

Seit alter Zeit feierte man *Passah* und *Schawuot* nicht nur von ihrem religiösen und geschichtlichen Hintergrund her, sondern auch als Frühlings- und Erntefest. Als der Tempel noch stand, feierte man sie als Pilgerfeste, und Juden der ganzen alten Welt reisten nach Jerusalem. Natürlich war es wichtig, das Passahlamm zu opfern, man brachte aber auch Opfer der Erstlingsfrüchte von dem Land dar, das Gott seinem Volk gegeben hatte.

Nach der Zerstörung des Zweiten Tempels, in der Zeit der großen Diaspora, nahmen die Feste einen ganz und gar geistlichen Charakter an: Das Gebet in der örtlichen Synagoge ersetzte die Opfer in Jerusalem, die ausschließlich im Tempel dargebracht werden konnten. Trotzdem hielten sich auch Elemente der Erntefeste in den Feiern. Nach der Gründung des Staates Israel haben sie

Ein traditioneller jüdischer Passah-Teller mit sechs Gefäßen, die Petersilie, Salzwasser, bittere Kräuter, Haroset, ein gebratenes Ei und den Unterschenkelknochen eines Lammes enthalten.

für eine große Gruppe von Gläubigen definitiv an Bedeutung gewonnen.

Das Gleiche gilt auch – vielleicht sogar in noch größerem Maße – für die geistliche Bedeutung des Passahfestes. Was man sich seit Jahrhunderten zum Abschluss des ersten Abends gegenseitig wünschte, war nun zu einer realistischen Perspektive geworden: Nächstes Jahr in Jerusalem!

Passah

Die Bezeichnung *Passah* ist vom Verb *pasach*, „springen", abgeleitet, und lässt sich in diesem Zusammenhang am Besten mit „vorübergehen" übersetzen. Es bezieht sich auf die zehnte Plage in Ägypten, als der Herr alle Erstgeborenen der Menschen und Tiere mit Ausnahme der Israeliten tötete. Unmittelbar nach dieser Nacht der Bewahrung (2. Mose 12,23), in der man das Passahlamm geschlachtet und mit ungesäuertem Brot und bitteren Kräutern verzehrt hatte, fand der Auszug aus Ägypten statt.

Es fällt auf, dass Gott das Passahfest als Fest der Erinnerung bereits eingesetzt hatte, bevor der Auszug überhaupt begann. Auf diese Weise deutete die Feier gleich von Anfang an auf Gottes zukünftiges Handeln hin: Gott wird Erlösung bringen und seinem Volk Freiheit und sein eigenes Land schenken, wenn sie sich an seine Gebote halten. *Passah* ist ein Fest der Hoffnung, das Leben spendet und zu rechtschaffenen Taten inspiriert. Der Auszug, der auf die erste Feier folgte, beweist, dass diese Hoffnung nicht vergeblich ist.

Bevor die Familie zusammenkommt, um den vorgeschriebenen *Passah*-‚Seder' (Ordnung) am 15. Nisan zu feiern, hat man den Haushalt bereits gründlich vorbereitet. Alle Nahrungsmittel, Süßigkeiten, Medikamente und anderen Produkte, die *Chametz* (Sauerteig oder Hefe) enthalten könnten, sind aus dem Haus entfernt worden, so wie es 2. Mose 12,15.18-20 vorschreibt.

Bei diesen Vorbereitungen kommt der ganz und gar praktische Charakter des Judentums zum Vorschein. Natürlich müssen sich die Gläubigen an die Gesetze und Vorschriften halten, aber dieser Gehorsam soll nicht über ihre Kräfte gehen. Und wer könnte schon bei dem riesigen Sortiment an verfügbaren Lebensmitteln und anderen Produkten sagen, was man über *Passah* essen darf und was nicht? Um dieses Problem zu

Gegenüber: Die kargen Berge nahe des Katharinenklosters, in der Wildnis der Sinai-Halbinsel. In diesem Gebiet lagerten die Israeliten, als Mose den Berg Sinai bestieg, um die Zehn Gebote in Empfang zu nehmen.

Ein für das Passahmahl gedeckter Esstisch. Nachdem die Familie sich das traditionelle ungesäuerte Brot und die bitteren Kräuter geteilt hat, nehmen sie das Abendessen ein, das heutzutage gewöhnlich aus Mazzenmehl- oder Fischklößen besteht.

Während des Passahmahles bricht der Vater ein Stück ungesäuertes Brot und ersetzt das kleinere Stück.

lösen, veröffentlicht das Rabbinat jedes Jahr eine lange Liste erlaubter Produkte.

Am Vorabend des Passahfestes wird das Haus gründlich durchsucht, und die letzten Krümel *Chametz* werden zusammengefegt, um sie am nächsten Morgen zu verbrennen. Man zieht sogar die Möglichkeit in Betracht, dass Küchengeräte und Geschirr Spuren von Sauerteig aufweisen könnten, und benutzt deshalb in vielen Familien ein besonderes *Passahgeschirr*.

Wie oben bereits erwähnt wurde, wird das Mahl am ersten Abend nach einer besonderen Ordnung (*Seder*) gefeiert. Alles zielt darauf ab, sich an die Geschichte zu erinnern und sie weiterzuerzählen, um die

Die Lesung der Passah-Haggada bei einem Familien-Seder in Israel.

Hoffnung auf die endgültige Erlösung zu erneuern. Als der Tempel noch stand, war das Passahlamm der Hauptgang, später nahmen die *Mazzot*, die ungesäuerten Brote, seinen Platz ein. Noch immer liegt allerdings auf der *Seder*-Tafel ein gebratener Knochen als Hinweis auf das ursprüngliche Lamm.

Das ungesäuerte, also nicht aufgegangene Brot spielt auf den übereilten Aufbruch aus Ägypten an (2. Mose 12,39); die Tradition bringt es aber auch mit der Unterdrückung und Sklaverei in diesem Land in Verbindung (5. Mose 16,3). Auch die Maror, die bitteren Kräuter, die man in eine lehmfarbene Mischung aus Äpfeln, Mandeln, Zimt und Wein taucht, besitzen eine symbolische Bedeutung. Die Farbe dieser *Harosset* erinnert die Juden an ihre Sklavenarbeit, als sie Ziegel aus Lehm streichen mussten.

Schließlich liegen auf der Seder-Tafel noch ein Ei, das Symbol der Hoffnung und des neuen Lebens, und Kräuter und Gemüse wie Petersilie und Sellerie, die man als Zeichen der Dankbarkeit gegenüber dem Schöpfer deuten kann, der die Ernte schenkt.

Die ungewöhnliche Kombination so vieler verschiedener Speisen wirft naturgemäß Fragen auf, vor allem bei denjenigen, die mit ihrer Symbolträchtigkeit noch nicht vertraut sind – zum Beispiel den Kindern. Das ist auch so beabsichtigt. Als Antwort auf die Fragen, die im *Seder* niedergeschrieben wurden und die das jüngste Kind, das bereits das Hebräische beherrscht, stellt, erklärt das Familienoberhaupt des jeweiligen Abends die Symbole. Er tut das auf der Grundlage der *Haggada*, der überlieferten Erklärung, in die auch Anekdoten eingeflochten sind. So erfüllt er das Gebot: „Ihr sollt euren Söhnen sagen an demselben Tage: Das halten wir um dessentwillen, was uns der HERR getan hat, als wir aus Ägypten zogen" (2. Mose 13,8). Die *Haggada* sagt, dass es sich hier um eine wörtlich zu nehmende Vorschrift handelt, denn jede Generation muss sich vorstellen, dass sie selbst Ägypten verlassen hätte – und, können wir hinzufügen, als ob sie deshalb auf dem Weg zur Erlösung und ins verheißene Land wäre.

Gegenüber:
Feiertag Schawuot in einem Kibbuz nahe Akka.

Viermal während des *Seder*-Abends trinken alle Beteiligten Wein, um jede einzelne Phase der Befreiungsgeschichte damit einzuleiten. Es gibt auch ein fünftes Glas, das nicht angetastet wird. Es steht dem Propheten Elia zu, der vor dem Tag des Herrn (Maleachi 3,23) auftreten wird, um ihn anzukündigen. Kann es dazu eine bessere Gelegenheit als das Passahfest geben?

Ein zweiter Brauch, der mit dem erwarteten Kommen des Propheten verknüpft ist, besteht darin, die Tür zu öffnen. Obwohl diese Handlung an sich bedeutungslos genug erscheint, gehörte doch in früheren Zeiten sehr viel Mut dazu. Es gibt unzählige Geschichten von Überfällen, Plünderungen und Mord, nachdem die Gläubigen ihre Türen geöffnet hatten. Bereits die Pharaonen verfügten über Handlanger, die das Volk Gottes viele Jahrhunderte lang tyrannisierten, und auch heute noch hat es damit kein Ende genommen. Deshalb bleibt *Passah* ein Fest mit aktuellem Bezug.

Zählung des Omer

Am zweiten Tag des siebentägigen Passahfestes (oder Fest der ungesäuerten Brote) wurde, als der Tempel noch stand, eine Garbe (ein *Omer*) Gerste als Opfer dargebracht – der erste Ernteertrag des verheißenen Landes (3. Mose 23,10f.). Von diesem Tag an zählt man sieben volle Wochen ab. Auf den fünfzigsten Tag fällt dann *Schawuot*, das Wochenfest oder Fest der Erstlingsfrüchte.

Wenn das Opfer auch heute nicht mehr dargebracht wird, praktiziert man das traditionelle *Omer*-Zählen doch immer noch. Jeden Abend zählen die Gläubigen besonders in orthodoxen Kreisen die Tage: Jetzt sind es noch 17 Tage – zwei Wochen und drei Tage vom *Omer*. Anders als man erwarten würde, gelten diese Frühlingstage als eine Art Trauerzeit, in der man nicht heiraten darf. Dahinter steht die Geschichte, dass 24 000 Schüler von Rabbi Akiba, der im Bar-Kochba-Aufstand eine wichtige Rolle spielte, zwischen Passah und *Schawuot* einer Seuche zum Opfer fielen.

Diese Halbtrauer dauert bis drei Tage vor *Schawuot*, wird aber für einen Tag, am *Lag ba-Omer* (‚33. Tag des Omer'), radikal unterbrochen. In Israel ist dies der einzige Tag in dieser Zeit, an dem man heiraten oder Tagesausflüge unternehmen darf. Überall zündet man Feuer an, die Kinder bekommen schulfrei, alle Menschen feiern ausgelassen auf der Straße. Vielleicht geht dieser Tag auf ein altes heidnisches Lichterfest zurück. Jüdische Mystiker bringen ihn allerdings mit dem Tod des Rabbi Schimon bar Jochai in Verbindung, dessen Grab in Meron (Galiläa) am *Lag ba-Omer* von Tausenden von Juden besucht wird.

Schawuot

Das Wochenfest oder Fest der Erstlingsfrüchte feiert in erster Linie die Gesetzgebung am Berg Sinai. Vom geistlichen Standpunkt aus stellt es die Vollendung des Passahfestes dar: Nach der Befreiung aus ägyptischer Knechtschaft schließt Gott nun einen Bund mit seinem Volk und gibt ihnen die Tora.

Der bäuerliche Hintergrund von *Schawuot* lässt sich hier gut einbinden: Die neue Ernte ist ein deutliches Zeichen, dass Gott für den Erhalt seines Volkes sorgt und seinen Bund mit ihm nicht vergisst. Die Menschen ihrerseits bekräftigen diese besondere Beziehung, indem sie Gott in Dankbarkeit die Erstlingsfrüchte des Landes darbringen. Als der Tempel noch stand, opferte man zu *Schawuot* zwei Gerstenbrote, aber auch nach dem eigentlichen Fest brachten die Menschen alle anderen Erstlingsfrüchte während der ganzen Erntezeit als Opfer dar. Das dritte Pilgerfest, *Sukkot* oder Laubhüttenfest, schloss die Erntezeit ab.

Schawuot ist ein Fest ohne äußere Prachtentfaltung. Zwar schmückt man die Synagoge und die Häuser mit Blumen, besonderen Wert legt man aber darauf, die Tora zu studieren und darüber nachzusinnen. Zu diesem Zweck versammelt man sich am fünfzigsten Tag, dem 6. Sivan.

Im zeitgenössischen Israel hat es sich zum Brauch entwickelt, dass Schulkinder Früchte und Blumen verkaufen. In farbenfrohen Prozessionen ziehen die Kinder zu festgelegten Treffpunkten, um ihre Waren öffentlich anzubieten. Das eingenommene Geld kommt dem *Jewish National Fund* zugute, der ursprünglich eingerichtet wurde,

משק ילדים

Am jüdischen Neujahrstag werden die Herzen der Gläubigen sowohl von Frohlocken angesichts Gottes Herrschaft über die Schöpfung als auch von Reue über ihre eigenen Fehltritte ergriffen. Solche Gefühle werden auf beeindruckende Art und Weise im Klang des Schofars (gekrümmtes Widderhorn) ausgedrückt. Der Klang des Widderhorns ist gleichzeitig ein Klang des Lobes und der Bitte gen Himmel als auch ein Ruf zur Selbsterforschung und Buße seitens der Gläubigen.

um Grund und Boden in Palästina zu erwerben. So hat das Fest wieder etwas von seinem landwirtschaftlichen Hintergrund zurückgewonnen.

DIE TAGE DER EHRFURCHT

Rosch Haschanah und Jom Kippur

Wie *Passah* und *Schawuot* zusammengehören, gibt es auch eine Verbindung zwischen *Rosch Haschanah*, dem jüdischen Neujahr, und dem Versöhnungstag *Jom Kippur*, dem heiligsten Tag des Judentums. Diese Tage fallen auf den 1. bzw. 10. Tischri (September/Oktober). Als Vorbereitung auf diese Tage der Ehrfurcht wird den ganzen Monat vorher, im Elul, das *Schofar* geblasen, um die Menschen zur Selbstprüfung und Buße im Licht der anstehenden Festtage zu rufen. Zwischen *Rosch Haschanah* und *Jom Kippur* liegen die sogenannten zehn Tage der Buße.

Rosch Haschanah

Dass das jüdische Neujahr an zwei aufeinander folgenden Tagen gefeiert wird (die man als Einheit betrachtet) – nicht nur in Israel, sondern auch in der Diaspora –, hängt mit der Kalenderberechnung im alten Israel zusammen (siehe Seite 48) Weil das Fest auf den Monatsersten fällt, bereitete es auch im Heiligen Land selbst Schwierigkeiten, den genauen Tag zu bestimmen. Deshalb handelt es sich in diesem Fall nicht um den ‚zweiten Feiertag des Exils‘, sondern man muss beide Tage in ihrer Gesamtheit als einen ‚langen‘ Tag betrachten (*joma arikhta*).

Das jüdische Neujahr besitzt eine unvergleichlich tiefere Bedeutung als der Jahreswechsel in der säkularisierten westlichen Welt. Dieser Tag berührt das Herz jedes Gläubigen: Er freut sich über Gott als den Schöpfer der Welt und trauert über seine eigenen Verfehlungen. Nirgends kommen diese Gefühle besser zum Ausdruck als im durchdringenden Klang des *Schofar*, des gewundenen (Widder-)Horns, das immer noch auf ganz traditionelle Weise gespielt wird.

Die Töne des Schofar verkünden Gottes Souveränität als Herr der Schöpfung, sie erinnern an seinen Bund mit Abraham (1. Mose 22) und an die Gesetzgebung auf dem Sinai (2. Mose 20), sie verkünden die Hoffnung auf das Kommen des messianischen Zeitalters (Jesaja 27,13). Der Klang des Widderhorns richtet sich so gleichzeitig als Lobpreis und Bitte an den Himmel und an den Gläubigen, indem er ihn zur Selbstprüfung und Buße ruft.

Der rabbinischen Überlieferung nach wird an Rosch Haschanah im Himmel das

Ankündigungen im Jerusalemer Stadtteil Mea Schearim, die über Gottesdienste am Vortag von Jom Kippur und die Verteilung von Stroh für Sukkot informieren.

Buch des Lebens geöffnet, und alle Bewohner der Erde müssen an Gott ‚wie die Schafe einer Herde' vorbeiziehen. So ist es ein Tag des Gerichts, an dem sich entscheidet, wer im kommenden Jahr leben und wer sterben wird. Doch das Gericht Gottes ist alles andere als blindes Schicksal: Er prüft die Herzen und Taten der Menschen, seine Entscheidung ist noch nicht endgültig. Erst zehn Tage später, zu Jom Kippur, wird sie besiegelt. In der Zwischenzeit, während der ‚zehn Tage der Buße', hat der Gläubige noch die Möglichkeit, Gott um sein Erbarmen zu bitten, wenn er aufrichtig bereut und ein rechtschaffenes Leben führt.

Zu *Rosch Haschanah* sind die Synagogen gut besucht. Selbst wer nicht regelmäßig in das Haus Gottes geht, spürt die Ernsthaftigkeit dieser Zeit, die nicht ohne Grund als Ehrfurcht gebietend bezeichnet wird. In orthodoxen Kreisen trägt man bei der Feier am ersten Abend oft ein weißes Tuch. Zum Höhepunkt des Gottesdienstes wird das *Schofar* geblasen, darauf folgt das besondere Gebet dieses Tages, das *musaf*-Gebet. Die drei genau festgelegten Töne werden in der Regel von einem berufsmäßigen Bläser (*Ba'al Tekiach*) gespielt. Sie symbolisieren die Freude der Rechtschaffenen, die Todesfurcht der Verdammten und die Mischung aus Freude, Sorge und Hoffnung, die der ‚gemeine Mann' am Tag des Gerichts empfindet.

Wie bewegend und ernst dieser Gottesdienst auch sein mag, der Gläubige sollte ihn mit der neu entfachten Hoffnung verlassen, dass Gottes Gnade viel größer ist als die menschliche Fähigkeit zu sündigen und so lange währt, wie der Mensch aufrichtige Reue zeigt und alles in seiner Macht Stehende tut, um Schaden, den er seinem Nächsten zugefügt hat, wieder gutzumachen.

Nach dem ernsten Synagogengottesdienst wird der Jahreswechsel in der Familie mit einem exquisiten Mahl gefeiert. Schon bevor die Männer zur Synagoge gehen, werden die Kerzen angezündet. Wenn sie zurückkehren, ist der Tisch mit festlichen Leckereien

Ein orthodoxer Jude liest aus der Heiligen Schrift an der Klagemauer in Jerusalem. Im Hintergrund kann man eine Schriftrolle sehen, die die Tora enthält.

gedeckt. Früchte und Honigbrot spielen dabei eine wichtige Rolle. Sie stehen für die Hoffnung auf ein süßes und ertragreiches Jahr. Das Brot, dem Eierbrot am Sabbat sehr ähnlich, wird auf besondere Art geformt: zu einer Leiter (die an Jakobs Traum erinnert, 1. Mose 28,12), einer Krone (zu Ehren des Herrn der Schöpfung) und einem Vogel („Der Herr Zebaoth wird Jerusalem beschirmen, wie Vögel es tun mit ihren Flügeln, er wird schützen, erretten, schonen und befreien", Jesaja 31,5). Bittere und saure Speisen sind an diesem Tag verboten.

Nach dem besonderen Neujahrsgebet zu Beginn der Mahlzeit taucht das Familienoberhaupt ein Stück Apfel in eine Schüssel mit Honig und äußert dabei den Wunsch: „Möge es dein Wille sein, o Herr unser Gott, uns wieder ein gutes und gesegnetes Jahr zu gewähren." In vielen Familien werden Gäste willkommen geheißen, weil Nehemia mahnte, nicht die Armen an diesem Tag zu vergessen: „Geht hin und esst fette Speisen und trinkt süße Getränke und sendet davon auch denen, die nichts für sich bereitet haben; denn dieser Tag ist heilig unserm Herrn" (Nehemia 8,10).

Festlich und freudig ist dieser Abend, niemals aber schäumt die Freude über, denn das wäre am Vorabend der zehn Tage der Buße so kurz vor *Jom Kippur* gar nicht möglich. Die Worte, mit denen man sich in diesen Tagen grüßt, machen das deutlich: *„L'schana tovah tikatevu'* – „Möge dein Name [im Buch des Lebens] aufgeschrieben sein."

Jom Kippur

Jom Kippur oder der Versöhnungstag (3. Mose 16,1-34) ist der heiligste Tag des jüdischen Jahres – der Tag, an dem die Beziehung zwischen Gott und seinem Volk gereinigt und erneuert wird. Als der Tempel noch stand, war es der einzige Tag, an dem der Hohepriester das Allerheiligste betreten durfte, um in der Gegenwart Gottes (*Schekina*) Opfer darzubringen und Versöhnung für das Volk zu erwirken. Nur an diesem Tag durfte er auch den heiligen Namen JHWH aussprechen.

Der Höhepunkt dieser Feiern war die Darbringung zweier Ziegen. Eine wurde im Tempel geopfert, die andere diente als ‚Sündenbock', den man in die Wüste schickte. Der unvermeidliche Tod des Tieres war Zeichen und Beweis der Vergebung Gottes. Christen verstehen dieses Ritual als Vorwegnahme des großen Versöhnungs-

Zwei religiöse Juden, die einen Etrog und einen Lulaw während Sukkot in der israelischen Stadt Bnei Brak tragen.

opfers, das Christus für die ganze Menschheit brachte. Er war ‚Gottes Lamm, das der Welt Sünde trägt' (Johannes 1,29).

Heute ist *Jom Kippur* ein Gebets- und Fastentag. Weil man volle 24 Stunden fastet, ist es die Pflicht jedes Juden, am Tag vor Jom Kippur mehr als sonst zu essen. Außerdem gehen viele Gläubige an diesem Tag in die *Mikwah*, um ein rituelles Reinigungsbad zu nehmen, und in der Synagoge tragen sie wie zu *Rosch Haschanah* ein weißes Tuch. In anderen Abendgottesdiensten ist es verboten, am ersten Jom Kippur-Gottesdienst aber tragen die Männer ihren Gebetsmantel (Tallit). Einige halten brennende Kerzen in der Hand, um die Seelen der Verstorbenen zu ehren.

Wenn die Torarollen aus dem Schrein gezeigt worden sind, stimmt der Kantor das bewegende und melancholische *Kol Nidre*-Gebet an, dessen Melodie wie keine andere das Gefühl von Sorge und Reue vermittelt. In der Liturgie des gesamten Tages nehmen das Sündenbekenntnis und Gedenkgebete für die Verstorbenen einen zentralen Platz ein. Die Sünden werden gemeinschaftlich bekannt, indem man eine alphabetische Liste mit Übertretungen rezitiert, wobei auf jeden Buchstaben zwei Sünden kommen. So repräsentiert die Liste alle Übertretungen des gesamten Volkes.

Der außergewöhnliche Charakter dieses Tages kommt auch darin zum Ausdruck, dass die Gläubigen während des Synagogengottesdienstes knien. Dieser Brauch erinnert sie an die Feiern im Tempel, wo sich die Menschen jedes Mal zu Boden warfen, wenn der Hohepriester den Namen des Allerhöchsten aussprach. *Rosch Haschanah* und *Jom Kippur* sind die einzigen Tage, an denen die Juden im Gottesdienst knien dürfen. Niemals mehr wird aber der Name JHWH ausgesprochen, weil man sich der korrekten Aussprache nicht sicher ist; die Gefahr, den Namen zu verstümmeln, ist einfach zu groß.

Gegen Ende des Tages wird das *Ne'ila*-Gebet gesprochen. Es ist eine letzte Bitte und wird ausgesprochen, kurz bevor sich die Tore des Himmels schließen und das Urteil über alle Menschen gesprochen wird: „Öffne das Tor für uns, jetzt, wo es zufällt; der Tag neigt sich." Schließlich bekennt die Gemeinde den einen Gott im bekannten *Schema Jisrael:* „Höre, Israel, der Herr ist unser Gott, der Herr allein" (5. Mose 6,4ff.).

Wenn die Sonne untergeht, hört man zum Ausklang des *Jom Kippur* noch einmal das *Schofar* mit einem lang ausgehaltenen Ton. Das Schicksal der Gläubigen ist besiegelt und das Buch des Lebens wird nun für ein Jahr geschlossen. „Wir haben nur dich, o Herr, der du lange gelitten hast", bekennt das Hauptgebet.

Sukkot, Schemini Atzeret und Simchat Tora

Gleich nach *Jom Kippur* beginnen die Vorbereitungen für das letzte Fest des religiösen Jahres, Sukkot oder Laubhüttenfest, das vom 15.–21. Tischri gefeiert wird. In ganz Israel, auf dem Land, in Gärten, auf Flachdächern in der Stadt und selbst auf den Balkons von Apartmentwohnungen errichtet man provisorische Hütten, die in der Regel aus drei nicht sehr stabilen Seitenwänden und einem Dach aus Zweigen und Blättern bestehen. Sieben Tage lang sollen die Menschen in ihnen leben, so wie Gott es gesagt hat (3. Mose 23,42-43), um sich an die Wanderung in der Wüste zu erinnern.

Nach dem Auszug aus Ägypten war das Volk vollkommen von Gottes Güte, seiner Bewahrung und Fürsorge abhängig. Er führte sie mit einer Wolken- und einer Feuersäule

Simchat-Tora-Feiern auf dem Malchei-Israel-Platz in Tel Aviv.

(4. Mose 9,15-23), er gab ihnen zu essen (2. Mose 16,12) und versorgte sie mit Wasser aus einem Felsen (4. Mose 20,7-8).

Die leicht gebaute *Sukka* soll genau dieses Gefühl der Abhängigkeit und des Vertrauens hervorrufen. Keine Zeit wäre geeigneter als diese: Am Versöhnungstag wurde die Beziehung zwischen Gott und Israel gereinigt und erneuert, und außerdem wird in diesen Tagen die letzte Ernte eingefahren. Gottes Treue und Vergebung wird in geistlichen und materiellen Segnungen greifbar. Darum ist *Sukkot* ein Fest für den Herrn (3. Mose 23,41) und ein Fest der Freude (3. Mose 23,40; 5. Mose 16,13-15), denn er ist der Geber aller guten Gaben.

Die *Sukka* zu errichten ist eine Familienangelegenheit, bei der Alt und Jung begeistert mitmachen. Gerade für die Dachkonstruktion braucht man Erfahrung, weil sie genau nach Vorschrift errichtet werden muss. Am Tag darf das Dach nur so viel Sonne durchlassen, dass es in der Hütte mehr Schatten als Licht gibt, in der Nacht aber muss man durch das Dach die Sterne sehen können; die Blätter müssen einer Anzahl von Vorschriften genügen, und die *Sukka* darf nicht unter einem Baum errichtet werden. Wenn die Hütte fertiggestellt ist, wird das Innere mit Früchten, Stoffen, Papierblumen und vielen anderen Verzierungen geschmückt. In der Diaspora kamen eine Reihe von Traditionen und Bräuchen in Verbindung mit der Laubhütte auf.

Alle Familienmitglieder werden die nächsten sieben Tage hier verbringen, am besten mit Gästen, wobei sie natürlich die Armen nicht vergessen. In dieser Zeit schläft man auch in der *Sukka*, außer wenn die äußeren Umstände das unmöglich machen, also etwa eisig kalte Nächte, Dauerregen oder Krankheit. Wer trotzdem darauf besteht, in der *Sukka* zu schlafen, dem ist der springende Punkt entgangen: Schließlich sagt das Gebot, dass man sich im Herrn freuen soll, und diese harten Begleitumstände tragen sicherlich nicht dazu bei.

Nach der *Sukka* sind der *Lulav* und der *Etrog* die wichtigsten Symbole des Laubhüttenfestes. Der *Lulav* ist ein mit Myrten- und Weidenzweigen umschlungener Palmwedel, der *Etrog* eine duftende Zitrusfrucht (vergleiche 3. Mose 23,40). Wenn die Männer die Synagoge betreten, halten sie den Palmwedel in der rechten Hand, die Frucht in der linken. Während des Gottesdienstes laufen sie auf der erhöhten Leseplattform (*Bimah*) herum und wedeln mit dem *Lulav* in alle vier Himmelsrichtungen sowie zum Himmel und zur Erde. Man drückt damit nicht nur aus, dass man Gott dankbar ist und ihn als Herrn der ganzen Erde anerkennt, sondern bittet mit dieser Prozession auch um Regen für die nächste Ernte. Der Psalm, den man an diesem Tag rezitiert, macht das sehr deutlich: „O Herr, hilf! O Herr, lass wohl gelingen!" (Psalm 118,25). Diese Prozession wird an jedem Tag des *Sukkot* wiederholt, am siebten Tag sogar siebenmal. Deshalb wird der letzte Tag des Laubhüttenfestes *Hoschana Rabbah* („Viele Hosannas") genannt.

Für den Symbolgehalt des *Lulav* und *Etrog* gibt es viele Deutungen. Eine Erklärung ist, dass die Frucht und die Zweige vier unterschiedliche Typen von Menschen kennzeichnen: diejenigen, die die Tora studieren und gute Werke tun (*Etrog*); diejenigen, die studieren, aber keine guten Werke tun (Palmzweig), diejenigen, die gute Werke tun, aber die Tora nicht kennen (Myrte), und schließlich diejenigen, die weder die Tora kennen noch gute Werke tun (Weide). In diesem Volk sind sie alle vereinigt, und die Rechtschaffenen werden für die anderen Versöhnung erwirken.

Kann man dieses Bild nicht auch auf das Volk Gottes im Allgemeinen, das in dieser Welt ein Ziel hat, anwenden? In diesem Zusammenhang ist es bedeutsam, dass der Hohepriester, als der Tempel noch nicht zer-

Ein gewaltiger siebenarmiger Leuchter in Jerusalem, ein Geschenk des britischen Parlamentes an Israel. Nach zwei Jahren Aufruhr und Rebellion befreiten die Makkabäer Jerusalem und den Tempel. Letzterer wurde am 25. Kislew 165 v. Chr. unter anderem daduch wieder eingeweiht, dass man die Menora anzündete.

Vier Generationen der Familie Kalantarov zünden Kerzen in ihrem Haus in Tel Aviv an.

stört war, am ersten Tag des Laubhüttenfestes ein Opfer für alle Völker darbrachte.

Schemini Atzeret und Simchat Tora

Schemini Atzeret, das am achten Tag den Schlusspunkt setzt, war ursprünglich ein eigenständiges Fest. Heute betrachtet man es allerdings als letzten Tag des Laubhüttenfestes und den Beginn eines neuen landwirtschaftlichen Jahres. In Israel fällt dieser Tag auf dasselbe Datum wie *Simchat Tora*, Jubel über die Tora, das außerhalb Israels einen Tag später gefeiert wird.

Obwohl *Simchat Tora* weder in der Bibel noch im Talmud erwähnt wird, wird dieses Fest, besonders in Kreisen des orthodox-chassidischen Judentums, enthusiastisch gefeiert. Noch viel mehr als in den Tagen des *Sukkot* kann der ‚Jubel über die Tora" selbst extreme Formen annehmen, was natürlich ursprünglich nicht beabsichtigt war. Man kann es aber erklären. In der Diaspora lebten die Menschen oft in einer hoffnungslosen Situation. An diesem Tag aber fanden sie ein Ventil, an diesem Tag mussten alle Sorgen und Nöte der überschäumenden religiösen Freude Platz machen. Während sie tanzten und sangen, vergaßen sie für einen Augenblick die trübe Welt um sich herum.

Mit diesem Fest wird der jährliche Zyklus der Toralesungen abgeschlossen. Am Vorabend von *Simchat Tora* werden die Torarollen siebenmal in einer feierlichen Prozession durch die Synagoge getragen. Angeführt wird sie von den Kindern, die Fähnchen, Äpfel und Kerzen an langen Stöcken tragen. Die Gemeinde singt und tanzt voll Freude. Schließlich wird der letzte Abschnitt des 5. Buchs Mose in der Synagoge vorgelesen. Nur zu dieser Gelegenheit gibt es eine Toralesung am Abend.

Der Höhepunkt des Festes erwartet die Gemeinde am nächsten Morgen. Wieder gibt es eine Prozession durch die Synagoge, und man liest den letzten Abschnitt von

Eine spezielle Rassel für Purim: Jüdische Kinder verkleiden sich und machen eine Menge Krach bei diesem Fest, das die Niederlage des bösen Haman feiert, der versuchte, die Juden zu vernichten, was aber von Königin Ester vereitelt wurde.

5. Mose und den ersten Abschnitt von 1. Mose. Die beiden Männer, denen die Ehre zufällt, die Lesung zu halten, heißen „Bräutigam des Gesetzes" und „Bräutigam des ersten Teils". Diese Bezeichnungen weisen ganz deutlich auf den Grund für dieses Fest hin: Zu *Simchat Tora* feiert man die Hochzeit von Israel und dem Gesetz.

Nach dem Fest kehren die Familien nach Hause zurück und bauen die *Sukka* ab. Die Feste haben ihnen Kraft gegeben, und im Vertrauen auf den Gott des Bundes machen sie sich auf den Weg in ein neues arbeitsreiches Jahr.

HISTORISCHE FEIERTAGE

Chanukka

167 v. Chr. lehnte sich das jüdische Volk unter der Führung von Judas Makkabäus gegen die hellenistischen Herrscher in Palästina, die syrischen Seleukiden, auf. Die von Antiochus IV. Epiphanes eingeführten religiösen Vorschriften trieben das Volk in die Rebellion. Der Tempel wurde Zeus geweiht, und man stellte einen zweiten Altar oder heiligen Stein für Brandopfer auf – ein „Gräuelbild der Verwüstung", wie Daniel schrieb (Daniel 11,31; 12,11). Nicht nur, dass der Tempel entweiht war, die Juden wurden außerdem gezwungen, Schweine zu opfern, wie es in den beiden apokryphen Makkabäerbüchern berichtet wird (1. Makkabäer 1,50; 2. Makkabäer 6,21; 7,1).

Zwei Jahre nach Ausbruch des Aufstands konnten die Makkabäer einen glänzenden Sieg erringen. Jerusalem und der Tempel wurden aus der Hand der Gotteslästerer befreit. Am 25. Kislew 165 v. Chr. wurde der Tempel neu geweiht, unter anderem, indem man die *Menora*, den siebenarmigen Leuchter, anzündete.

Doch die *Menora* warf ein Problem auf. Als die Juden den Tempel einer rituellen Reinigung unterzogen, fanden sie nur ein einziges Gefäß mit reinem Öl, das den rituellen Vorschriften entsprach – gerade genug, um den Leuchter einen Tag brennen zu lassen. Acht Tage lang aber würde man brauchen, um neues, reines Öl herzustellen. Trotzdem wurde der Leuchter entzündet, und das Licht brannte volle acht Tage.

Die Neuweihe des Tempels und das *Menora*-Wunder bilden den Hintergrund von *Chanukka*, dem Lichterfest. Zweifellos regte der heldenhafte Kampf der Makkabäer im Heiligen Land das Vorstellungsvermögen der Juden im heutigen Israel an, und das erklärt vielleicht, warum dieses Fest heute ungeheuer populär ist.

Das zentrale Symbol von *Chanukka* ist der Leuchter, im Gegensatz zur *Menora* nicht sieben-, sondern achtarmig. Am ersten Abend des Festes wird die erste Kerze angezündet, und jeden Abend folgt eine weitere, bis am letzten Abend schließlich alle acht Kerzen brennen. Die Kerzen werden mit dem *Schammasch*, „Diener", entzündet, während man Lobgebete spricht. Die *Chanukka*-Kerzen dürfen für keinen anderen Zweck benutzt werden, nicht einmal, um andere *Chanukka*-Kerzen damit anzuzünden.

Solange die Kerzen brennen, darf man keine Arbeit tun. Außerdem muss der Leuchter so aufgestellt werden, dass man ihn von außen sehen kann, um das *Chanukka*-Wunder öffentlich zu proklamieren. Um dieses Gebot zu erfüllen, wird der Leuchter in der Regel ins Fenster gestellt.

Zu *Chanukka* gehören gemütliche Familienabende, bei denen man das traditionelle *Dreidel* (Kreisel) spielt. Der Kreisel

Kinderschuhe, ein mitleiderregendes Erinnerungsstück bei dem schrecklichen Yad Vashem-Mahnmal in Jerusalem, das an die Vernichtung von Millionen von Juden durch die Nazis während des Zweiten Weltkrieges erinnert.

trägt auf der Oberseite die vier Buchstaben *nun, gimel, he* und *schin*. Zusammen stehen sie für den Ausspruch *nes gadol haja scham* („Ein großes Wunder ist geschehen"). Im Spiel trägt jeder Buchstabe einen bestimmten Wert.

Typische Leckereien zu *Chanukka* sind die *Latkes*, knusprige Kartoffelpfannkuchen und *Sufganijot*, Teigbällchen, die mit Marmelade gefüllt und in Öl ausgebacken werden.

Viele der Chanukkabräuche entstanden in den Ländern der Diaspora, so zum Beispiel der Brauch, den Kindern Geschenke zu machen. In vielen Kreisen legt man heute hauptsächlich Wert auf die gemütliche Atmosphäre während der Festtage. Trotzdem aber liegt die tiefere Bedeutung von *Chanukka* immer noch darin, dass es ein Fest der Nicht-Anpassung ist, dass man nicht in der Kultur der Bevölkerungsmehrheit aufgehen will und seiner eigenen Tradition, seinem eigenen Glauben treu bleibt. Das kommt besonders gut im *'al ha-Nissim*-Gebet zum Ausdruck, das man in der Synagoge spricht – einem Gebet der Erinnerung, das den Grund zu diesem Fest in aller Ausführlichkeit erklärt.

Purim

Purim ist in Israel ein Nationalfeiertag voll überschäumender Freude. Der historische Hintergrund ist die Geschichte von Ester, wie sie im gleichnamigen biblischen Buch nachzulesen ist. In dieser spannenden Geschichte plant Haman, ein Günstling des persischen Königs Ahasveros, alle Juden im persischen Reich zu vernichten, und zwar deshalb, weil sich Mordechai, ein hochgestellter Jude, der in der Burg Susa wohnte, geweigert hatte, sich vor ihm zu verbeugen, und ihn damit beleidigt hatte. So warf Haman das Los (*Pur*) über die Juden und erschlich sich vom König die Genehmigung, die Juden am 13. Adar zu vernichten.

Doch Mordechai war auch Esters Onkel, die Ahasveros unter all den schönen Frauen seines Landes erwählt hatte, Königin zu werden. Weil Mordechai sie dazu drängte, brachte Ester schließlich den Mut auf, für ihr Volk einzustehen und demaskierte im Beisein des Königs Haman als Verfolger ihrer Person und ihres Volkes. Der König ließ Haman an dem Galgen aufhängen, den er für Mordechai hatte vorbereiten lassen, und erlaubte den Juden, sich am 13. Adar gegen ihre Feinde zu verteidigen. So konnten sie das über sie verhängte Todesurteil in einen Sieg verwandeln. Zur Erinnerung daran wurde das Purimfest eingeführt. Man feiert es am 14. Adar, denn das ist der Tag, an dem die Juden in Persien auch ihren Sieg feierten. In Susa selbst dagegen durften die Juden noch einen Tag länger ihre Feinde töten und daher wurden die Feiern auf den 15. verschoben. Deshalb fällt *Purim* in den ummauerten Städten Israels auf den 15. (*Purim Schuschan*).

Purim ist ein außergewöhnlicher Nationalfeiertag: Es gibt farbenfrohe Umzüge, parodistische Darbietungen, Maskeraden, man singt und tanzt. Sogar in vielen Synagogen, wo man natürlich die Schriftrolle mit dem Buch Ester verliest, geht es lauter zu als sonst. Jedes Mal, wenn im Lauf der Geschichte der Name Hamans fällt, stampft man mit den Füßen auf den Boden oder lässt seine Rassel lärmen, um seinem Triumph über den verachtenswerten Haman Ausdruck zu geben.

In orthodoxen Kreisen geht diesem Feiertag ein Fasttag voraus, denn auch Ester hatte gefastet, bevor sie vor den König trat. Die anderen Vorschriften für *Purim* sind leicht zu befolgen: Mindestens zwei Freunden oder Nachbarn soll man Geschenke in Form von Nahrungsmitteln machen, heute meistens Süßigkeiten, Nüsse oder Ähnliches, und man muss zwei armen Menschen so viel Geld schenken, dass sie sich davon wenigstens eine Mahlzeit leisten können. Schließlich soll man in der Familie ein Fest feiern.

Heute besitzt *Purim*, für die meisten Menschen jedenfalls, kaum noch eine religiöse Bedeutung. Hauptsächlich feiert man, dass man überlebt hat und sich seines Lebens freuen kann. Einige Rabbinen empfahlen sogar, sich an diesem Tag so zu betrinken, dass man nicht mehr zwischen ‚Verflucht sei Haman' und ‚Gesegnet sei Mordechai' unterscheiden kann. Von diesem Satz (den man nicht wörtlich nehmen sollte) rührt die volkstümliche Bezeichnung dieses Festes her: *Adlojada*, „bis man nicht mehr weiß". Eine traditionelle Delikatesse zu *Purim*, die besonders unter den aschkenasischen Juden verbreitet ist, sind die sogenannten ‚Hamantaschen', ein dreieckiges Gebäck, meistens mit einer süßen Füllung.

Purim ist nicht nur ein Nationalfeiertag, sondern auch ein Fest der Verbrüderung, bei dem Unterschiede zwischen Arm und Reich, einflussreich und schwach und manchmal sogar zwischen Juden und Nichtjuden für

Besucher am Eingang zum Denkmal der Kinder bei Jad Waschem, dem Jerusalemer Holocaust-Mahnmal.

Ein einsamer Baum im Jordantal (südlich von Galiläa). Das „Neujahr der Bäume“, das am 15. Schewat gefeiert wird, stammt von der Tora-Vorschrift, dass man nicht von den Bäumen essen soll, die jünger als vier Jahre alt sind. Ein festes Datum wurde als „Geburtstag“ aller Bäume im Heiligen Land eingeführt.

einen Tag unter den Tisch fallen. Es will etwas heißen, wenn selbst arabische Kinder beim Programm für die Kleinsten begeistert mitmachen. Wir wollen hoffen, dass dieser Aspekt von *Purim* die Oberhand gewinnt, denn nur dann werden wir die Hamans dieser Welt endgültig besiegen.

TRAUER- UND FASTENTAGE

Jom ha-Schoa

In der dunklen Zeit des Nationalsozialismus wurde auf schreckliche Weise deutlich, wie viele Hamans noch heute unter uns leben. Die satanische Vernichtungsmaschinerie, die die Nazis kaltblütig organisiert hatten, kostete sechs Millionen Juden und Hunderttausende von Angehörigen anderer Minderheiten das Leben. Der ungeheure Massenmord löschte praktisch alles jüdische Leben in Europa aus. Wer überlebte, musste sich der unbequemen Wahrheit stellen, dass die jüdische Nation den Dämon des Antisemitismus wohl nur würde abschütteln können, wenn sie in ihrem eigenen Staat lebte.

In Israel wurde der 27. Nisan zum nationalen Gedenktag für die Opfer des Holocaust erhoben – der Tag, an dem die Nazis 1943 den Aufstand im Warschauer Ghetto niederschlugen. Das öffentliche Leben kommt für 24 Stunden zur Ruhe, es wird halbmast geflaggt, und in öffentlichen Gebäuden und Synagogen zündet man Kerzen an. Überall werden Gedenkgottesdienste gefeiert, besonders eindrucksvoll im Kibbuz *Lohamei Haggettaot*, der von Überlebenden der Ghettos in Polen und Litauen gegründet wurde, sowie in *Jad Vaschem*, dem nationalen Denkmal für die Opfer des Holocaust. An diesem besonderen Gedenkgottesdienst nimmt auch der Staatspräsident teil.

Schiwa‘ ‘Asar be-Tammuz und Tischa be-Av

Diese beiden Fastentage am 17. Tammuz und am 9. Av liegen genau drei Wochen auseinander. In orthodoxen Kreisen sind diese drei Wochen eine Zeit der Halbtrauer: Feste und Hochzeiten sind verboten, und in den ersten neun Tagen des Av darf man nur am Sabbat Fleisch oder Wein zu sich nehmen.

Die beiden Trauertage selbst erinnern an den Durchbruch der Feinde durch die

Gegenüber: Ein jüdischer Junge mit Gebetsschal, Kippa und Phylakterien trägt die Tora an dem tag seiner Bar Mizwa vor der Klagemauer in Jerusalem.

Stadtmauer um Jerusalem und die Zerstörung des Tempels, auch wenn die Überlieferung diese Tage mit anderen Katastrophen in Verbindung bringt. Am 17. Tammuz soll Mose die ersten Steintafeln mit dem Gesetz zerschmettert haben, als er entdeckte, dass Israel das goldene Kalb anbetete, und am selben Tag wurde das tägliche Opfer im Tempel unterbrochen, als die Hasmonäerbrüder Johannes Hyrkanus und Aristobulo im Bürgerkrieg gegeneinander kämpften. Am 9. Av wurde nicht nur der zweite, sondern auch der erste Tempel zerstört. Außerdem soll an diesem Tag Bar Kochba von den Römern 135 v. Chr. endgültig besiegt worden sein, und es ist auch der Jahrestag der Vertreibung der Juden aus Spanien (1492).

DREI ‚NATIONALFEIERTAGE'

Jom ha-Atzma'ut

Zwar ist der Nationalfeiertag am 5. Ijjar für die meisten Israelis ein Grund zur Freude, es gibt aber religiöse Gruppierungen, die anders darüber denken. Einige von ihnen setzen ihre Hoffnung auf den gegenwärtigen Staat und glauben, dass mit ihm die endgültige Erlösung angebrochen ist und das Kommen des Messias angekündigt wird, andere aber sind überzeugt, dass dieser Zeitpunkt überhaupt noch nicht in greifbare Nähe gerückt ist.

In gemäßigt orthodoxen Kreisen betrachtet man die Existenz eines säkularen Staates als feststehende Tatsache und als nicht mehr umkehrbaren Fortschritt gegenüber der Situation in der Diaspora. Ultra-orthodoxe Juden aber verstehen das heutige Israel eher als Hindernis für das Kommen des messianischen Reiches denn als Ankündigung. Weil sie die Überzeugung vertreten, dass sich der weltliche Staat auflösen muss, bevor man von endgültiger Erlösung sprechen kann, weigern sie sich, sich an den Feiern zum 5. Ijjar zu beteiligen.

Trotz aller dieser Differenzen, die manchmal mit heftigen Wortgefechten einhergehen, ist der Unabhängigkeitstag *der* Nationalfeiertag in Israel. Die offiziellen Feiern finden auf dem Herzlberg in Jerusalem statt und werden vom Vorsitzenden der *Knesset*, des israelischen Parlaments, geleitet. An diesem Tag wird auch der Israelpreis an Menschen verliehen, die auf ihrem Gebiet Hervorragendes geleistet haben. Im ganzen Land werden Feste, Zusammenkünfte und Darbietungen organisiert, und die Menschen singen und tanzen nach Herzenslust unter einem Meer von Fahnen.

Jom Jeruschalajim

Für die neuere Geschichte des Staates Israel war es sicherlich einer seiner größten Tage, als Alt- und Neustadt von Jerusalem im Sechstagekrieg 1967 wiedervereinigt wurden. Einige Wochen nach der Eroberung stand die ganze Stadt offiziell unter israelischer Verwaltung, und die Juden konnten sich endlich wieder auf dem ältesten und heiligsten Boden ihres Volks frei bewegen.

Dieses einschneidende Ereignis war Grund genug, einen Feiertag am 28. Ijjar einzuführen, der von der ganzen jüdischen Bevölkerung Jerusalems begeistert begangen wird. Glücklicherweise hat die leidenschaftliche Liebe zu ihrer Stadt die verschiedenen Stadtverwaltungen seit dieser Zeit nicht dazu bewogen, anderen den Zutritt zu verwehren: Zum ersten Mal in der Geschichte gab es in Jerusalem wirkliche Religionsfreiheit, und die islamischen Heiligtümer sind markante Blickpunkte auf dem Tempelberg. 1967 allerdings versuchte der Oberrabbiner Shlomo Goren heimlich die Möglichkeit zum Wiederaufbau des Tempels auszuloten.

Tu bi-Schevat

Das ‚Neujahr der Bäume' am 15. Schevat hat seinen Ursprung in der Toravorschrift, dass man von keinem Baum essen darf, der jünger als vier Jahre ist (3. Mose 19,23). Um diese Vorschrift für die Praxis zu vereinfachen, setzte man ein bestimmtes Datum als ‚Geburtstag' aller Bäume des Heiligen Landes fest.

Auch in der Diaspora wurde dieser Feiertag begangen, um damit die Sehnsucht

Ein jüdischer Junge liest mit Unterstützung von anderen Männern an seinem Bar Mizwa vor der Klagemauer aus der Tora.

nach *Erez Israel* zum Ausdruck zu bringen. Beim Festmahl nimmt man alle Obstsorten, für die das Heilige Land berühmt ist, zu sich – wenn es sich einrichten lässt, fünfzehn verschiedene Sorten.

Am 15. Schevat sieht man überall in Israel Kinder beim Pflanzen von Bäumen. Die Wiederaufforstungsprogramme des *Jewish National Fund* sind von unschätzbarem Wert, weil sie die Bodenerosion verhindern und das Land kultivieren. Im Rahmen dieses Programms hat sich der Geburtstag der Bäume zu einem nationalen Baumpflanztag entwickelt.

FAMILIENFESTE

Neben den allgemeinen Festen und Trauertagen gibt es vier Momente von herausragender Bedeutung im Leben eines Juden. Sie umfassen die ganze Lebensspanne: Geburt und Beschneidung, Bar Mizwa und Bat Mizwa, Hochzeit und schließlich der Tod und die Erinnerung an geliebte Menschen.

Geburt und Beschneidung

„Das aber ist mein Bund, den ihr halten sollt zwischen mir und euch und deinem Geschlecht nach dir: Alles, was männlich ist unter euch, soll beschnitten werden; eure Vorhaut sollt ihr beschneiden. Das soll das Zeichen sein des Bundes zwischen mir und euch" (1. Mose 17,10-11). Diese Worte richtete Gott an den Erzvater Abram, als er seinen Bund mit ihm schloss. Von diesem Augenblick an trug er das Zeichen dieses Bundes an seinem Körper und bekam einen neuen Namen: Abraham.

Kein anderes Gebot wurde im Laufe der Jahrhunderte so treu befolgt wie das der Beschneidung (*berit mila*), sogar in den Zeiten, als die Beschneidung ‚des Herzens' (5. Mose 10,16), die dieses Ritual immer begleiten sollte, zu wünschen übrig ließ.

Die Beschneidung findet am achten Tag nach der Geburt statt. Dann erhält das Kind auch seinen Namen. Das festliche Ritual wird zu Hause durchgeführt, Familie und Freunde nehmen daran teil. Auch wenn es eigentlich die Pflicht des Vaters ist, die eigentliche Beschneidung durchzuführen, lässt er in der Regel einen Spezialisten, den *Mohel*, die Prozedur durchführen. Anders als man erwarten könnte, muss der *Mohel* kein Arzt oder Rabbi sein.

Wenn das Kind vom *Gevatter* (vergleichbar dem Paten) ins Zimmer getragen wird, wird es für einen Augenblick auf ‚Elias Stuhl' gelegt. Der Mann, der das Kind während der Zeremonie im Arm hält (wenn möglich, soll es der Großvater sein), wird *Sandak* („Halter") genannt. Der Vater spricht ein Lobgebet, und danach wird die Beschneidung durchgeführt. Zum Schluss gibt es ein Fest, bei dem der *Mohel* Ehrengast ist.

Der für Elia reservierte Stuhl „erlaubt" es dem Propheten, der Zeremonie symbolisch als Zeuge beizuwohnen, damit er sich davon überzeugen kann, dass die Kinder Israel den Bund nicht vergessen haben (vgl.1. Könige 19,10).

Bar Mizwa und Bat Mizwa

Wenn ein junger Jude dreizehn Jahre und einen Tag alt ist, wird er vom religiösen Standpunkt aus gesehen volljährig. Dann ist er ein Bar Mizwa, ‚ein Sohn des Gebots', von dem man erwartet, dass er alle Regeln und Vorschriften der Tora respektiert. Deshalb wird er beim Morgengebet die Phylakterien (*Tefillin*) und den Gebetsmantel (*Tallit*) anlegen. Die Phylakterien sind kleine schwarze Kästchen, die man ganz oben auf der Stirn und möglichst auch am linken Oberarm nah beim Herzen trägt. Sie enthalten kleine Pergamentstücke mit Texten aus der Tora, darunter auch das bekannte *Schema Jisrael:* „Höre, Israel, der Herr ist unser Gott, der Herr allein" (5. Mose 6,4).

Als Vollmitglied der Gemeinde kann der Junge jetzt auch aufgerufen werden, im Gottesdienst den Tora-Abschnitt zu lesen. Außerdem darf er jetzt auch zur Vervollständigung des *Minjan* beitragen, der mindestens zehn Männer, die man zur Abhaltung einer religiösen Zeremonie braucht.

Die heutige Form der Bar Mizwa-Feier geht auf das Spätmittelalter zurück. Die europäische Tradition verband sie mit dem ersten Aufruf eines Jungen zur Toralesung. Gewöhnlich fand das am ersten Montag, Donnerstag oder Sabbat nach seinem dreizehnten Geburtstag statt. Montag und Donnerstag waren damals auch Markttage und damit Tage, an denen die Tora im Morgengottesdienst gelesen wurde.

In Israel feiert man Bar Mizwa besonders gern an der Westmauer. Familie und Freunde nehmen daran teil, und im Anschluss an die Zeremonie setzt man sich für ein Festmahl zu Tisch. Das ganze Jahr über sieht man jüdische Jungen aus der ganzen Welt, die sich zur Befolgung der Tora verpflichten. Für die meisten Menschen ist es ein bewegendes Ereignis, an das sie ihr ganzes Leben lang denken werden.

In progressiven jüdischen Kreisen wurde die *Bat Mizwa*, das weibliche Gegenstück zu Bar Mitzwa, in der ersten Hälfte des 20. Jahrhunderts eingeführt. Mädchen werden bereits mit zwölf Jahren zur ‚Tochter des Gebots', weil sie schneller heranreifen als Jungen.

Hochzeit

Wie auch im traditionellen Christentum gilt im Judentum die Ehe als Grundstein der Gesellschaft. Die lebenslange Bindung zwischen einem Mann und einer Frau genießt eine heilige und tiefe Bedeutung. Das wird schon daraus deutlich, dass die Ehe ein Bild für den Bund zwischen Gott und den Menschen ist (Hosea 2,21).

Im Altertum wurde die Eheschließung in zwei Stufen, *Erusin* (oder *Kidduschin*) und Nisu'in vollzogen. *Erusin* übersetzt man am besten mit ‚Eheversprechen'. Nachdem der zukünftige Bräutigam in Gegenwart zweier Zeugen der Frau versprochen hat, sie zu heiraten, und ihr den Ring übergeben hat, betrachtet man sie in jeder Hinsicht als verheiratet. Ungefähr ein Jahr leben sie allerdings noch bei ihren Eltern. Erst nach dieser Wartezeit, in der sie noch nicht miteinander intim werden dürfen, wird die eigentliche Eheschließung vollzogen.

Seit dem Spätmittelalter finden beide Zeremonien am selben Tag statt. Die Lesung der *Ketubba*, des Ehevertrags, in dem der Mann seine Pflichten gegenüber seiner zukünftigen Frau festlegt, dient als Übergang vom *Erusin* zum *Nisu'in*. Nachdem die *Ketubba* verlesen worden ist, werden die

Ein jüdisches Grab bei der heiligen Stadt Safed nördlich des Sees Tiberias (Israel). Es ist üblich, dass die Trauernden zum Gedenken Steine auf das Grab legen.

Scheva berachot (sieben Segenssprüche) über einem Glas Wein rezitiert.

Während der ganzen Zeremonie stehen Braut und Bräutigam unter einem Baldachin, der *Huppa*. Das symbolisiert, dass die beiden von nun an zusammen wohnen und eins werden, denn im juristischen und religiösen Sinn ist die Eheschließung erst gültig, wenn sie vollzogen wurde.

Begräbnis und Totengedenken

Über das Leben nach dem Tod gehen die Ansichten im Judentum weit auseinander. Schon zur Zeit Jesu war die körperliche Auferstehung eine Glaubensfrage, die für Aufregung sorgte: Die Pharisäer glaubten daran, die Sadduzäer nicht (Lukas 20,27; Apostelgeschichte 23,6-8). Heute gibt es eine Vielfalt von Vorstellungen, von der orthodoxen Ansicht, dass es eine körperliche Auferstehung gibt, bis hin zur Auffassung einiger progressiver Gruppierungen, die an eine gewisse Art der Reinkarnation glauben.

Bei einem traditionellen hebräischen Begräbnis spielt die *Hevra' qaddischa'*, die heilige Gesellschaft, eine wichtige Rolle. Früher handelte es sich dabei um Freiwillige, heute sind es meist kommerzielle Unternehmen, die das Ritual durchführen. Die Pflichten *der Hevra' qaddischa'* umfassen das Zusammenrufen eines *Minjan* am Sterbebett, um die letzten Worte des Sterbenden zu hören (*das Schema Jisrael)*, die rituelle Waschung und das Ankleiden des Verstorbenen, die Pflichten beim Begräbnis und die Grabpflege.

Die Familienmitglieder trauern ein Jahr, wenn ein Elternteil gestorben ist, dreißig Tage beim Tod eines anderen engen Familienmitglieds. Am Todestag zerreißen die Trauernden ihre Oberbekleidung. In manchen Kreisen ist eine Totenwache bis zur Beerdigung üblich. In den ersten sieben Tagen nach der Beerdigung verlassen die Trauernden das Haus nicht. Vom siebten bis zum dreißigsten Tag nehmen sie wieder am normalen Leben teil, halten sich aber von Festen und Feierlichkeiten fern. Die gesamte Trauerzeit über wird der *Kaddisch*, ein Lobpreis des gerechten Gottes, rezitiert. Er drückt aus, dass man Gottes Willen annimmt, aber der Lobpreis enthält auch ein Bitte um die Rettung des Verstorbenen.

Nach der Trauerzeit hält man das Gedächtnis an den Toten lebendig, indem man an seinem oder ihrem Todestag eine Kerze anzündet (*Jahrzeit)*. Die Tradition der *Jahrzeit* kann auch einen Besuch am Grab des Verstorbenen einschließen.

EIN TRAUM WIRD WAHR

Erez Israel

VORKÄMPFER FÜR DEN STAAT ISRAEL

Vorläufer des Zionismus

Im Lauf des neunzehnten Jahrhunderts kamen viele Juden in Europa zu der Erkenntnis, dass sie ihre jüdische Identität verlieren würden, wenn sie in der europäischen Kultur aufgehen wollten. Zu viele Zugeständnisse hätten sie machen müssen; dazu gehörte vor allem der Übertritt zum christlichen Glauben. Es bestanden auch berechtigte Zweifel, ob der Übertritt überhaupt genügen würde. Die Vorurteile, die sich über Jahrhunderte gehalten hatten, flammten nach der Restauration, also nach 1815, wieder auf, und das nicht nur in Osteuropa. Unter dem aufblühenden Nationalismus erwachten antijüdische Sentiments auch in Deutschland, Österreich und Frankreich wieder zum Leben.

Darüber hinaus hatte sich der Charakter dieser Vorurteile vollkommen verändert. In früheren Jahrhunderten hatte sich der Anti-Judaismus hauptsächlich auf die Religion gegründet, nun kamen rassistische und politische Komponenten hinzu. Man glaubte, die Juden würden die Weltherrschaft anstreben und die christlichen Völker als minderwertige Rassen unterjochen. Die Hoffnungen, die man in aufgeklärten Kreisen des Judentums von der zweiten Hälfte des achtzehnten Jahrhunderts an gehegt hatte, zerschlugen sich nun. Es schien unmöglich, gleichzeitig wahrer Jude und wahrer Europäer zu sein.

Der orthodoxe Rabbi Zwi Hirsch Kalischer (1795–1874) war auch zu dieser Schlussfolgerung gekommen. In seinem Buch *Dirschat Zion* (1862) rief er die Juden zur Massenauswanderung nach Israel auf, um dort eine eigene Gesellschaft aufzubauen. Außerdem war die Rückkehr in seinen Augen eine notwendige Bedingung für das Eintreffen der endgültigen (messianischen) Erlösung.

Zwanzig Jahre später konnte man die gleiche Botschaft, wenn auch mit weniger religiösen Untertönen, vernehmen, als Leon Pinsker (1821–1891), ein jüdischer Arzt aus Odessa, 1882 sein Buch *Auto-Emanzipation* veröffentlichte. Die Pogrome in Russland nach dem Tod des Zaren Alexander I. (1881) bildeten den unmittelbaren Anlass dazu. Pinsker war überzeugt, dass man den Antisemitismus nicht ausrotten könne, weil

Sir Moses und Lady Montefiore reiten 1839 in Jerusalem ein. Montefiore war ein großer Menschenfreund, der einige wohltätige Einrichtungen, wie etwa das Jüdische Krankenhaus, gründete.

er untrennbar mit der Gefühlslage der Europäer verbunden sei. Die einzige Rettung für das jüdische Volk liege darin, ein eigenes ‚Territorium' zu erwerben. Wo genau es liegen sollte, war für Pinsker nicht so wichtig. Er wünschte sich, dass es in Palästina wäre, war aber auch für andere Alternativen offen. Ihm ging es darum, seine Vision so schnell wie möglich Wirklichkeit werden zu lassen. Zusammen mit Moses Löb Lilienblum (1843–1910) gründete Pinsker 1883 in Odessa die Serubbabel-Gesellschaft. Weil sie versuchte, alle zionistischen Gruppen (*Chowewe Zion, Chibbat Zion*) unter einer Schirmorganisation zu vereinigen, kann man Serubbabel als Beginn der eigentlichen zionistischen Bewegung betrachten. Doch interne Streitigkeiten verhinderten, dass sich die Bewegung voll entfalten konnte, und die Massenauswanderung der Juden ins Heilige Land fand nicht statt. Doch schon bevor Kalischer und Pinsker ihre Ideen veröffentlichten, hatte es einen ständigen, wenn auch dünnen Zustrom von osteuropäischen Juden nach Palästina gegeben, die der Unterdrückung in ihren Heimatländern entkommen wollten. So zahlreich waren sie in Jerusalem vertreten, dass 1856 der erste Bezirk außerhalb der Stadtmauern errichtet werden musste: *Mischkenot Scha'anannim*. Finanziert wurde das Bauprojekt von dem englisch-jüdischen Philanthropen Sir Moses Montefiore. Bei diesen frühen Einwanderern wurde allerdings der Ruf nach einem unabhängigen jüdischen Staat noch nicht laut.

Erst während und nach den gewalttätigen Pogromen in Russland begann die Massenauswanderung. Tausende von Juden machten sich auf den Weg, die meisten von ihnen nach Westeuropa und in die Vereinigten Staaten. Die Pogrome von 1881 zogen aber auch die erste *Alija* von zionistischen Pionieren in das verheißene Land nach sich. Dank der außergewöhnlichen Bemühungen Theodor Herzls sollte sich der Zionismus im Lauf des nächsten Jahrzehnts zu einer Organisation entwickeln, die die Auswanderung der Juden nach Palästina global und auf örtlicher Ebene fördern konnte und außerdem dafür sorgte, dass das Judentum in der internationalen Politik Gehör fand.

Theodor Herzl und die Zionistische Weltorganisation

Ein absoluter Höhepunkt in der Geschichte des französischen Antisemitismus gab den Anstoß zur Gründung einer internationalen zionistischen Organisation, die auf lange Sicht erst die Gründung des Staates Israel 1948 möglich machte.

Alfred Dreyfus, ein jüdischer Offizier im französischen Heer, wurde 1894 fälschlicherweise der Spionage beschuldigt und auf Lebenszeit auf die so genannte Teufelsinsel (Cayenne in Französisch-Guayana) verbannt. Die Verhandlung löste eine gewaltige antisemitische Welle in Frankreich aus. Theodor Herzl, Korrespondent der Wiener Zeitung *Neue Freie Presse*, gehörte zu den Reportern, denen man erlaubt hatte, Zeugen von Dreyfus' Degradierung zu werden.

Das tragische Schicksal von Dreyfus öffnete Herzl die Augen für die ausweglose Situation der Juden in Europa. Obwohl er bisher eher mit dem Gedanken an Assimilation sympathisiert hatte, sah er nun ein, dass nur ein jüdischer Staat für die jüdische Nation das Problem lösen würde. 1896 erschien seine Broschüre *Der jüdische Staat*, und ein Jahr später kam der erste Zionistische Kongress in Basel zusammen. Auf diesem Kongress erblickte die Zionistische Weltorganisation das Licht der Welt, Herzl wurde ihr Präsident.

Herzls Ideen wurden in den Kreisen der *Chowewe Zion* begeistert aufgenommen, die Gruppe der wohlhabenderen Juden in Westeuropa aber konnte sich mit diesen Vorstellungen weniger anfreunden. In den Jahren der ersten *Alija* (1881–1903) strömten etwa 70 000 Juden in das verheißene Land. Viele von ihnen ließen sich in den Städten nieder, in Jaffa, Haifa und Jerusalem, und versuchten, ihren Lebensunterhalt mit Handel, Finanzgeschäften und kleinen Läden und Werkstätten zu verdienen. Die Bemühungen der Pioniere um landwirtschaftliche Erfolge wären fast gescheitert, denn oft wollte man ihnen kein Land verkaufen, und weil sie keine Ahnung von der Bodenbeschaffenheit, den klimatischen Bedingungen und modernen landwirtschaftlichen Methoden hatten, liefen diese ersten Idealisten Gefahr, vollkommen zu verarmen und sich wirtschaftlich zu ruinieren.

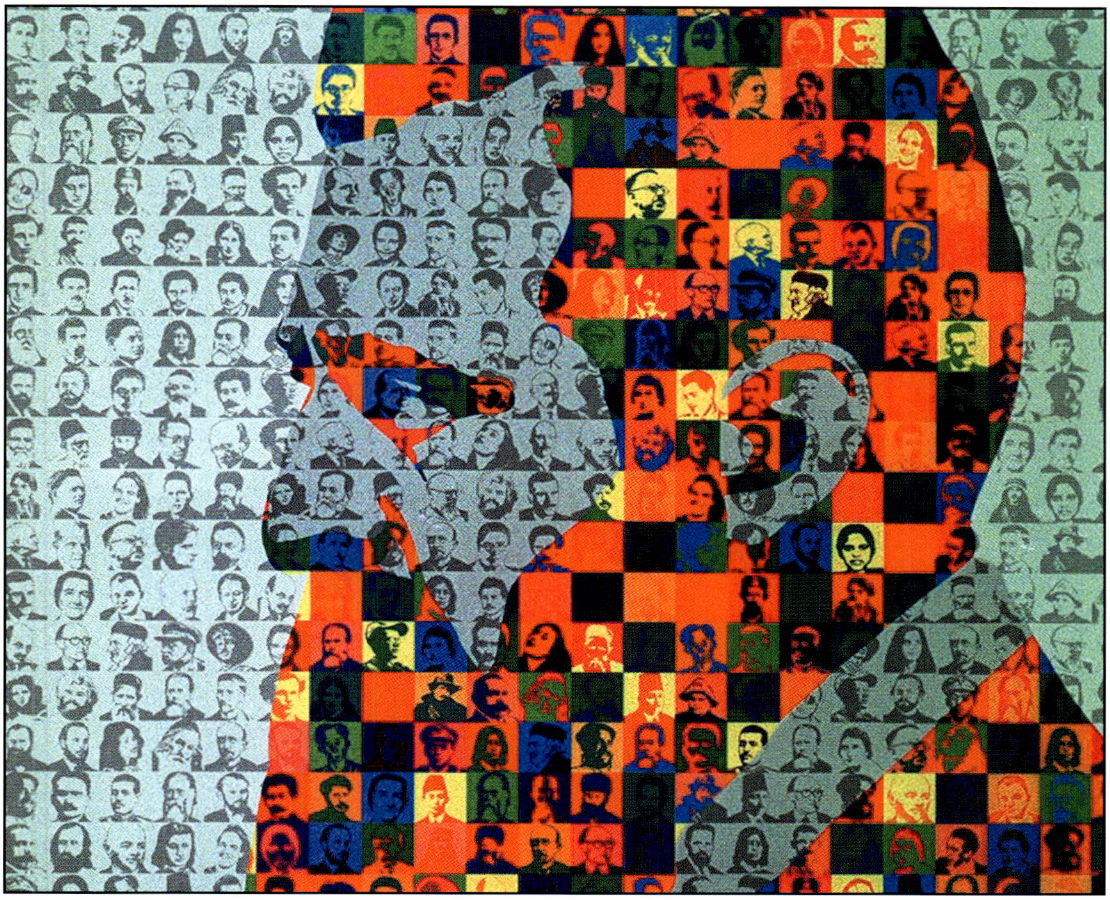

Poster, das Theodor Herzl darstellt und den 100. Jahrestag des Zionismus hervorhebt.

Ohne Hilfe von außen war das Projekt zum Scheitern verurteilt. Doch es kam Hilfe, zuallererst von dem berühmten Philanthropen Baron Edmond de Rothschild (1845–1934). Seine Investitionen in Land, Fabriken und Technologie waren ein entscheidender Schritt auf dem Weg zum landwirtschaftlichen Erfolg.

In der Zwischenzeit versuchte Herzl über diplomatische Kanäle in der internationalen Politik Unterstützung für einen unabhängigen jüdischen Staat zu finden. Angesichts der Ereignisse gerade in Osteuropa war Eile geboten. Als er 1903 von der englischen Regierung die Genehmigung bekam, im unbewohnten Hochland von Uganda ein autonomes jüdisches Gebiet einzurichten, sah Herzl diesen Vorschlag als Chance und wollte ihn dem Zionistischen Kongress vorlegen. Seiner Ansicht nach handelte es sich dabei um einen bedeutenden Durchbruch, der die Probleme der osteuropäischen Juden zumindest für eine gewisse Zeit würde lösen können, und um einen ersten Schritt auf dem Weg zu einem unabhängigen jüdischen Staat, der auch in Herzls Augen nur in Palästina liegen konnte. Der Uganda-Plan konnte den Juden eine Atempause verschaffen, die unmittelbare Notlage lindern und die politischen Beziehungen zur Großmacht England stärken.

Nach einer heftigen Kontroverse entschied sich der sechste Zionistische Kongress 1903 dagegen: Ein jüdischer Staat außerhalb des verheißenen Landes konnte den zionistischen Idealen nicht genügen. Herzl gab sich mit der Entscheidung zufrieden und widmete sich wieder mit ungezügelter Energie den zionistischen Belangen. Aber die zehn harten Jahre forderten ihren Tribut. Im Juli 1904 starb er im Alter von 44 Jahren. Fast ein halbes Jahrhundert später, im August 1949, wurden seine sterblichen Überreste von Wien nach Jerusalem überführt und auf einem Hügel westlich der Stadt zur letzten Ruhe gebettet. Seit dieser Zeit dient der

Dr. Chaim Weizmann (1874–1952), erster Präsident des unabhängigen Staates Israel und des Weizmann-Institutes.

Herzlberg als Grabstätte der Oberhäupter Israels.

Palästina unter britischer Herrschaft

Das Gleichgewicht der Kräfte im Nahen Osten wurde durch den Ersten Weltkrieg 1914–1918 empfindlich gestört. Nachdem das Osmanische Reich, das auf der Seite Deutschlands gekämpft hatte, zusammengebrochen war, stand Palästina nun unter britischer Herrschaft.

Für die zionistische Bewegung brachte das neue Möglichkeiten mit sich. Durch diplomatische Bemühungen Chaim Weizmanns (1874–1952), der später der erste Präsident des unabhängigen Israel werden sollte, wurde 1917 die Balfour-Deklaration verabschiedet, mit der die britische Regierung der Schaffung einer nationalen Heimstätte für die Juden zustimmte. Die Hoffnung auf Verwirklichung des zionistischen Ideals gewann dadurch eine realistische Perspektive. Die Einwanderung in das verheißene Land, die während des Krieges zum Stillstand gekommen war, nahm wieder stark zu. (Infolge von Deportationen hatte die Anzahl der jüdischen Einwohner sogar von 85 000 im Jahr 1914 auf 56 000 im Jahr 1918 abgenommen.) 1939 gab es in Palästina wieder 400 000 jüdische Einwohner. Auch die arabische Bevölkerung war um nahezu dieselbe Anzahl gewachsen, von 590 000 im Jahr 1922 auf ungefähr 950 000 im Jahr 1939.

Aber nicht nur den Juden hatten die Briten Versprechungen gemacht. Weil die arabischen Führer ihnen geholfen hatten, die Osmanen zu besiegen, wurde auch ihnen die Unabhängigkeit versprochen. Außerdem gab es ein geheimes Abkommen mit Frankreich, in dem vereinbart worden war, dass der Nahe Osten in eine französische und eine englische Einflusssphäre aufgeteilt werden sollte. So stellte sich die politische Situation nach 1918 außerordentlich komplex dar. Der Völkerbund ernannte England zum Mandatsträger in Palästina, zu dem auch das spätere Jordanien gehörte. Die britische Mandatsregierung verfolgte das Ziel, die Voraussetzungen für die Einrichtung eines jüdischen Territoriums zu schaffen.

Die britische Regierung stand vor einer fast unlösbaren Aufgabe: Sie musste einen Weg finden, um zwischen jüdischen und arabischen Autonomieansprüchen in Palästina zu vermitteln. Obwohl Faysal Hussein, später König im Irak (1921–1933), 1918 in einem Treffen mit Chaim Weizmann den nationalen Zielen der Juden in Palästina zugestimmt hatte, wehrten sich die örtlichen arabischen Führer von Anfang an mit Händen und Füßen gegen einen solchen Plan.

In den beiden Jahrzehnten vor Ausbruch des Zweiten Weltkriegs wuchsen deshalb die Spannungen zwischen Juden, Arabern und Briten. Seit 1929 waren Mordanschläge und Scharmützel zwischen Juden und Arabern an der Tagesordnung. Höhepunkt war der arabische Aufstand zwischen 1936 und 1939. Er brachte ein ungeheures Maß an Gewalt mit sich und zielte darauf ab, das wirtschaftliche Leben lahm zu legen.

David Ben-Gurion verliest die Unabhängigkeitserklärung des Staates Israel im Tel-Aviv-Museum (14. Mai 1948).

Der britische Vorschlag, das Land in einen arabischen und einen jüdischen Staat aufzuteilen (*Peel Commission*, 1937), wurde von den Arabern abgelehnt und bildete den Auftakt zu einer neuen Welle von Gewalt, der die Briten entschlossen ein Ende bereiteten.

Trotzdem führte der arabische Aufstand dazu, dass nach einer Konferenz am Runden Tisch in London 1939 das so genannte *White Paper* herausgegeben wurde, mit dem der zionistischen Bewegung de facto die Unterstützung entzogen wurde. Innerhalb von zehn Jahren sollte ein unabhängiger arabischer Staat geschaffen werden, zu dem auch das jüdische Palästina gehören würde. In der Zwischenzeit wurde die Einwanderung von Juden nach Palästina (die in den dreißiger Jahren mit dem Erstehen des Nationalsozialismus in Deutschland enorm zugenommen hatte) eingeschränkt. So schlossen sich kurz vor dem Holocaust die Pforten des Heiligen Landes.

Ein Traum wird wahr

Nach einer langen Zeit voller Terror und Mord, in der sechs Millionen Juden den Nazis zum Opfer fielen, war die Zeit endlich reif für die Schaffung eines unabhängigen jüdischen Staates. Anfangs versuchten die Briten noch, ihre *White Paper*-Politik durchzusetzen, stießen aber, auf internationalen Widerstand, besonders seitens der Amerikaner. Schließlich legten sie die Palästinafrage 1947 den Vereinten Nationen vor. Außerdem machte England deutlich, dass es ab Frühjahr 1948 sein Mandat in der Region nicht mehr wahrnehmen würde.

Am 29. November 1947 erwog die UN einen Teilungsplan, der das israelische Gebiet, wie wir es heute kennen, in einen jüdischen und einen arabischen Staat aufteilte. Die Region um Jerusalem sollte unter internationale Kontrolle gestellt werden.

Die jüdischen Bevollmächtigten stimmten, wenn auch schweren Herzens, zu, die arabischen Führer aber lehnten den Plan kategorisch ab. Die Entschiedenheit des arabischen Widerstands machte einen solchen Eindruck, dass die Vereinigten Staaten ihre Unterstützung des Teilungsplans zurückzogen und stattdessen versuchten, innerhalb der UN Befürworter ihres nunmehr geänderten Standpunkts zu finden: Man redete davon, dass man statt eines freien, unabhängigen jüdischen Staates lieber ein jüdisches Gebiet unter internationaler Kontrolle einrichten wollte. Die Debatten zu dieser Frage zogen sich bis zum 14. Mai 1948 hin, dem Tag, an dem das britische Mandat offiziell endete.

Am selben Tag verlas David Ben-Gurion im Museum von Tel Aviv unter dem Porträt Theodor Herzls die *Proklamation des Unabhängigen Staates Israel.* Man ernannte eine provisorische Regierung, die alle Gesetze und Verordnungen des *White Paper*, die die Briten seit 1939 in Kraft gesetzt hatten, für null und nichtig erklärte.

US-Präsident Truman, den Chaim Weizmann bei einer Sitzung der Vereinten Nationen über die Proklamation informierte, setzte der Diskussion nun ein Ende. Warren Austin, Vorsitzender der US-amerikanischen UN-Delegation, wurde angewiesen, eine kurze Erklärung zu verlesen:

> Unsere Regierung wurde darüber informiert, dass in Palästina ein jüdischer Staat ausgerufen wurde; die provisorische Regierung bittet um ihre Anerkennung. Die Vereinigten Staaten erkennen die provisorische Regierung als de facto-Regierung des neuen Staates Israel an.

Bald darauf kündigten auch die Sowjetunion und Guatemala ihre Absicht an, den neuen Staat anzuerkennen.

Für Israel bedeutete diese Unterstützung in emotionaler Hinsicht sehr viel. Zwar konnte sie nicht die sichere Existenz des Staates garantieren, aber sie spornte die Juden an, mit noch mehr Willenskraft dafür zu kämpfen. Zum ersten Mal seit zwanzig Jahrhunderten bildete das jüdische Volk nicht nur durch das starke Band der Tradition eine Einheit in geistiger und geistlicher Hinsicht, sondern durch das politische Band mit dem Land seiner Väter auch eine ganz praktische. Der zweitausend Jahre alte Traum von *Erez Israel* war Wirklichkeit geworden.

DIE ERRICHTUNG EINES STAATES

Als David Ben-Gurion am 14. Mai 1948 den unabhängigen Staat Israel ausrief, wirkte das auf den Rest der Welt wahrscheinlich wie ein verzweifelter Sprung in ein unergründliches Gewässer. Natürlich waren sich die führenden Köpfe der jüdischen Gemeinschaft in Palästina über die enormen Risiken, die sie damit eingingen, im Klaren, aber sie waren ebenso überzeugt von der inneren Kraft *Erez Israels* – einer Kraft, die auf ihrem Glauben gründete, ihrer Tradition, ihrer Gemeinschaft und der bedingungslosen Hingabe an die Idee, ihren eigenen Staat zu bauen.

Im Rückblick sehen wir, dass dieser Glaube Recht behielt: Israel ist zum modernsten Staatswesen des Nahen Ostens herangewachsen, die arbeitende Bevölkerung ist hervorragend ausgebildet, es gibt eine demokratische Regierung, und der Lebensstandard steht dem der westlichen Länder kaum nach.

Was führte Israel zum Erfolg? War es die weltweite Unterstützung durch die zionistischen Organisationen? Seine Allianz mit den mächtigen Vereinigten Staaten von Amerika? Die Unfähigkeit der Nachbarländer, den jüdischen Staat zu vernichten? Jeder dieser Faktoren ist für sich genommen von großer Bedeutung – und doch bilden sie in ihrer Gesamtheit nur die notwendigen Rahmenbedingungen, innerhalb derer einzelne Juden ihr Land aufbauen konnten.

Dieser Aufbau begann bereits lange vor 1948. Es waren die *Halutzim*, die ‚Pioniere', die sich zwischen 1881 und 1935 im verheißenen Land niedergelassen und es (fast) aus dem Nichts aufgebaut hatten – oft buchstäblich mit bloßen Händen. Ihr Idealismus unterschied sie von allen anderen Menschen, denn ob sie religiös waren oder nicht, sie führten ihr Leben auf der Grundlage der beeindruckenden Kraft einer göttlichen Verheißung: „Ich will die Gefangenschaft meines Volkes Israel wenden, dass sie die verwüsteten Städte wieder aufbauen und bewohnen sollen, dass sie Weinberge pflanzen und Wein davon trinken, Gärten anlegen und Früchte daraus essen. Denn ich will sie in ihr Land pflanzen, dass sie nicht mehr aus ihrem Land ausgerottet werden, das ich ihnen gegeben habe, spricht der Herr, dein Gott" (Amos 9,14-15).

Diese Verheißung, die die jüdische Nation die Jahrhunderte hindurch geführt, getröstet und geformt hatte, war (und ist) wesentlicher Faktor des israelischen Erfolgs, die treibende Kraft hinter den Männern und Frauen der Anfangszeit, die den Grundstein zu einem unabhängigen jüdischen Staat legten.

Viele Institutionen, Organisationen und Einrichtungen, die in dieser Pionierzeit unter der britischen Mandatsregierung entstanden, spielen im heutigen Israel immer noch eine wichtige Rolle. In den folgenden Abschnitten wollen wir einige von ihnen genauer betrachten.

Am sechsten Zionistischen Weltkongress 1903 nahmen viele berühmte Juden teil, darunter auch Albert Einstein.

POLITISCHE ORGANISATIONEN UND KÖRPERSCHAFTEN

Die Jewish Agency

Das Verwaltungsmandat für Palästina, das England am 24. Juli 1922 vom Völkerbund übertragen wurde, sah vor, dass unter anderem eine *„Jewish Agency"* als repräsentative Körperschaft der jüdischen Nation geschaffen werden sollte. In Zusammenarbeit mit der britischen Regierung sollte die *Jewish Agency* auf die Schaffung einer jüdischen Heimstätte hinarbeiten. Es war offenkundig, dass die *World Zionist Organisation* (WZO) diese Aufgabe übernehmen würde, solange es in Palästina noch keine weit genug entwickelten eigenständigen Verwaltungsorgane gab. Erst 1929 entstand die eigentliche *Jewish Agency*, in der außer der WZO auch nicht-zionistische Organisationen vertreten waren (50 %). Auf dem Zürcher Kongress, der eigens zur Gründung der *Jewish Agency* abgehalten wurde, wählte man Chaim Weizmann zum Vorsitzenden. Viele prominente Juden, darunter auch Albert Einstein, nahmen an diesem Kongress teil.

In enger Zusammenarbeit mit den nationalen Institutionen (siehe unten) fungierte die *Jewish Agency* bis in die späten 30er Jahre de facto als provisorische Regierung. Sie bemühte sich besonders um die Auswanderung von Juden nach Palästina und darum, die sozialen, wirtschaftlichen und kulturellen Bedingungen im Land attraktiver zu gestalten. Auch der Aufbau eines Verteidigungssystems (*Haganah*) lag in ihrer Verantwortung.

Aufgrund der Tätigkeit der *Jewish Agency* reisten vor und im Zweiten Weltkrieg Hunderttausende von Juden nach Palästina ein, entweder legal oder (zumindest aus britischer Sicht) „illegal". Mit der Staatsgründung verstärkte die *Jewish Agency* ihre Bemühungen um die *Alija* sogar noch, so dass weit über zwei Millionen Menschen ins Land strömten und mehr als 600 landwirtschaftliche Siedlungen gründeten.

Bis 1968 überwachte die *Jewish Agency* die Integration der Siedler in die israelische Gesellschaft und bot zu diesem Zweck Bildungs- und Trainingsprogramme an. Diese Aufgabe wurde später vom Einwanderungsministerium übernommen. Seit dem Ende der 70er Jahre kümmert sich die *Agency* auch in verstärktem Maß darum, die Stellung der jüdischen Jugendlichen in benachteiligten Bezirken zu verbessern. Die größte Herausforderung ist zur Zeit die Aufnahme und Integration der Juden, die seit 1989 in großen Schüben aus der früheren Sowjetunion hereinströmen. Zu diesem Zweck wurde eine weltweite Spendenkampagne organisiert.

Knesset und nationale Institutionen

Die offizielle Bezeichnung der jüdischen Gemeinschaft in Palästina während der britischen Mandatszeit lautete *Knesset Jisrael*, derselbe Begriff, mit dem auch der Talmud die jüdische Nation bezeichnete. Im täglichen Leben bezeichnete man die *Knesset Jisrael* allerdings als *Jeschuw*. Im Prinzip konnten sich alle jüdischen Bewohner

Das Gebäude der Knesset in Jerusalem, in dem sich die gewählten Vertreter des Volkes versammeln. Seit 1949 ist Israel eine parlamentarische Demokratie, wobei die Knesset einen Präsidenten als Staatsoberhaupt für eine fünfjährige Amtszeit ernennt.

Yitzhak Rabin als junger Befehlshaber der Palmach auf einer Reise durch die Wüste Negev mit David Ben-Gurion und Yigal Allon (1949).

Palästinas als Mitglieder der *Knesset Jisrael* betrachten, aber die Mitgliedschaft war nicht obligatorisch. Einige religiöse Gruppierungen weigerten sich, Mitglied zu werden, weil die *Knesset Jisrael* nicht auf der Tora, sondern auf weltlicher Gesetzgebung beruhte.

Die Mitglieder der *Knesset Jisrael* wählten Abgeordnete in die Nationalversammlung, die wiederum die Mitglieder des Jüdischen Nationalrats, des *Va'ad Leumi*, bestimmte. Der *Va'ad Leumi* stellte die höchste Exekutivgewalt unter den so genannten „nationalen Institutionen" dar und befasste sich mit inneren Angelegenheiten wie beispielsweise Religion, Gesundheit und Sozialdiensten. Obwohl der *Va'ad Leumi* bereits seit 1920 aktiv und vom britischen Hochkommissar Herbert Samuel anerkannt worden war, wurde seine Zuständigkeit für diese Bereiche erst 1928 offiziell anerkannt. Für die Briten blieb die internationale *Jewish Agency* weiterhin die wichtigste repräsentative Körperschaft der jüdischen Nation.

Trotzdem entwickelten sich die Nationalversammlung und die *Va'ad Leumi* zu einer Art autonomer Selbstverwaltung für die *Knesset Jisrael*, die auf nationaler und örtlicher Ebene in verschiedenen Bereichen tätig wurde. So baute man ein Bildungssystem, medizinische und soziale Einrichtungen auf, und auch das Oberrabbinat wurde geschaffen. Auf örtlicher Ebene entstanden jüdische Selbstverwaltungen, auch in Städten mit gemischt jüdisch-arabischer Bevölkerung. Die Institutionen befassten sich mit der Selbstverteidigung und der Sicherheit der jüdischen Gemeinden und rekrutierten im Zweiten Weltkrieg jüdische Freiwillige für die englische Armee.

Zur Finanzierung dieser Tätigkeiten erhielt der *Va'ad Leumi* das Recht, gewisse Steuern zu erheben. Im Wesentlichen fungierte diese Körperschaft als eine Art Schattenkabinett, das im Lauf der Zeit seinen Einfluss über alle Bereiche in Wirtschaft und Verwaltung ausweiten konnte, obwohl es von den Briten nur im begrenzten Maß anerkannt wurde. Deshalb konnte man die verschiedenen Zweige des *Va"ad Leumi* nach der Unabhängigkeitserklärung relativ leicht in Ministerien der neuen Regierung umwandeln.

Auch nach der Unabhängigkeitserklärung wurde die Bezeichnung *Knesset* beibehalten, stand aber jetzt für die gewählten Abgeordneten des Volkes – das 120-köpfige Parlament, das am 15. Februar 1949 zum ersten Mal zusammentrat. Seitdem ist Israel eine parlamentarische Demokratie. Staatsoberhaupt ist der Präsident, und er wird von der *Knesset* für eine fünfjährige Amtszeit gewählt. Jede Regierung bleibt höchstens vier Jahre an der Macht, danach finden freie und geheime Wahlen statt, an denen alle über 18 Jahre alten Bürger teilnehmen können. Wer für einen Sitz im Parlament kandidiert, muss mindestens 21 Jahre alt sein. Die Sitze in der *Knesset* werden entsprechend der Zahl der abgegebenen Stimmen verteilt. Die wichtigsten Parteien sind die sozialistische Arbeiterpartei und der nationalistische Likud-Block im Mitte-Rechts-Lager. In den letzten Jahren haben auch die kleineren religiösen Parteien an Macht und Einfluss gewonnen.

DAS VERTEIDIGUNGS-SYSTEM

Ha-Schomer und Haganah

Der Aufbau eines Verteidigungssystems steht in engem Zusammenhang mit dem Schutz der landwirtschaftlichen Siedlungen. In der Zeit vor der britischen Mandatsregierung (und vor dem Aufkommen des arabischen Nationalismus) waren es weitgehend Araber, die für den Schutz der jüdischen Siedlungen sorgten. Mit der Gründung der *Ha-Schomer* (der „Jungen Wacht") änderte sich das grundlegend.

Die *Ha-Schomer* war eine kleine Verteidigungstruppe, deren Mitglieder strengen Ansprüchen genügen mussten. Mut, Hingabe und die Bereitschaft, sich selbst zu opfern, gehörten zu den Bedingungen, wollte man sich dieser Elitetruppe anschließen. Damit sie die bestehenden (arabischen) Sicherheitsdienste infiltrieren konnten, trugen die Mitglieder der *Ha-Schomer* arabische Kleidung. Außerdem mussten sie das Arabische beherrschen und eine gründliche Kenntnis arabischer Bräuche und Lebensart mitbringen.

Die *Ha-Schomer* umgab eine Aura von Stolz und Macht, und das war das Beste, was sie der jüdischen Gemeinschaft in Palästina vorleben konnte. Die kleine Gruppe (zu ihren besten Zeiten hatte sie nie mehr als hundert Mitglieder) regte die Phantasie der jüdischen Jugendlichen inner- und außerhalb Palästinas an und hauchte ihrer Hoffnung auf ein heroisches Leben in einem eigenen Staat neues Leben ein. In strategischer Hinsicht war diese Gruppe, die bis zu den arabischen Aufständen 1929 aktiv war, die erste, die das Konzept der sich selbst verteidigenden Grenzsiedlungen in Tel Adaschim und Kefar Gil"adi verwirklichte.

In der ersten Phase der Besiedlung stellten Überfälle durch einzelne arabische Banden die größte Bedrohung für die jüdischen Siedler dar. Mit dem Aufstieg des arabischen Nationalismus allerdings änderte sich der Charakter der Feindseligkeiten grundlegend, denn nun fanden die Übergriffe in großem Maßstab statt und waren auch besser organisiert. Die Juden mussten darauf mit einer veränderten Strategie antworten. Deshalb wurde 1920 die *Haganah* als für die Sicherheit verantwortliche Unterorganisation der *Histradut* – der allgemeinen Gewerkschaft – ins Leben gerufen.

Anfangs beschränkte sich die *Haganah* auf organisatorische Aufgaben und bot den Siedlungen lediglich ihre Hilfe an, denn diese waren noch immer selbst für die Verteidigung ihres Gebiets verantwortlich. *Haganah*-Mitglieder in den Kibbuzim und Moschawim wurden ausgebildet und trainiert, um sich effektiver verteidigen zu können. Waffen wurden ins Land geschmuggelt und dort versteckt. Die britischen Behörden versuchten diese Entwicklung so weit wie möglich zu unterbinden, weil sie fürchteten, dass es zu kriegerischen Auseinandersetzungen zwischen Juden und Arabern kommen könnte.

Zu diesen Scharmützeln kam es dennoch. Im Sommer 1929 wurden unzählige kleine und abgelegene Siedlungen von den Arabern zerstört. In Hebron und Safed fielen Juden blutigen Massakern zum Opfer, von denselben Arabern angezettelt, mit denen sie seit Jahren auf freundschaftlichem Fuß gestanden hatten.

Charakter und Ausmaß dieser Feindseligkeiten verlangten eindeutig eine „nationale“ Verteidigungsstrategie. Die *Haganah* unterstand nun der *Jewish Agency* und dem *Va'ad Leumi* und entwickelte sich immer mehr in Richtung eines offiziellen Verteidigungssystems. In der Zeit der arabischen Aufstände (1936–1939) gab es sogar eine gewisse Form der Kooperation mit den britischen Behörden. Die sogenannten „Nachtkommandos“ aus britischen Soldaten und jüdischen Freiwilligen waren der Höhepunkt dieser Kooperation. Ihre unkonventionelle Vorgehensweise, bei der das Überraschungsmoment eine wichtige Rolle spielte, sollte auch zu einem Charakteristikum der späteren *Haganah*-Aktionen und der Taktik der israelischen Streitkräfte nach der Unabhängigkeit werden.

Im Zweiten Weltkrieg sah sich die *Haganah* einem moralischen Konflikt ausgesetzt. Auf der einen Seite kämpften die Freiwilligen der jüdischen Brigaden Seite an Seite mit den Briten in Europa gegen Hitler, auf der anderen Seite leisteten sie ab 1939 mit Feuer und Schwert Widerstand gegen die *White Paper*-Politik, die die Einwanderung und die Errichtung neuer Siedlungen beschränkte. David Ben-Gurion, einer der führenden Köpfe der *Haganah* dieser Zeit, brachte das Dilemma auf den Punkt: „Zusammen mit den Briten müssen wir Hitler bekämpfen, als ob es das *White Paper* nicht gäbe, und wir müssen das *White Paper* bekämpfen, als ob es Hitler nicht gäbe.“

In dieser Zeit wurde die *Palmah*, eine Elitetruppe, die sich auf Guerillataktiken spezialisiert hatte, aus den Reihen der *Haganah* rekrutiert, für den Fall, dass die deutschen Afrikatruppen bis Palästina vorrücken sollten. Nach dem Zweiten Weltkrieg wurde die Truppe nicht aufgelöst, sondern als Untergrundorganisation im Widerstand gegen die Briten beibehalten. So wurde die *Palmah* zum ersten stehenden und „regulären“ Heer des jüdischen Palästina, bei dem man sich für mindestens zwei Jahre verpflichten musste. Die *Palmah*-Kämpfer kombinierten ihren Militärdienst mit dem Leben in landwirtschaftlichen Siedlungen und folgten so dem Beispiel der *Ha-Schomer*. Unmittelbar vor der

Papyrus, der im morastigen Naturschutzgebiet Hulew (nördlich von Galiläa) wächst. Anfangs mussten die Sümpfe trocken gelegt werden, nicht nur um mehr Ackerland zu erhalten, sondern auch, um die Malariaseuche zu bekämpfen.

Unabhängigkeit dienten in der *Palmah* etwa 6 000 Mann in drei Brigaden. Ihr Lebensstil und ihr heroisches Auftreten beeinflussten den Verlauf des Unabhängigkeitskrieges, und die Jugend nahm sie sich zum Vorbild. Das war auch der Grund, warum Ben-Gurions Entscheidung am 26. Mai 1948, die *Palmah* aufzulösen und in die Streitkräfte zu integrieren, auf erbitterten Widerstand stieß.

Der Geist der *Ha-Schomer, Haganah* und *Palmah* lebt in der heutigen israelischen Armee weiter – zum Beispiel in der guten Moral der Truppe. Viele Soldaten meldeten sich als Freiwillige für Kampfeinheiten. Alle 18-jährigen Männer und Frauen unterliegen der Wehrpflicht, Männer dienen drei und Frauen zwei Jahre. Wenn Krieg herrscht, und in Israels gut fünfzigjähriger Geschichte war das bereits fünfmal der Fall, stellen Reservisten den Löwenanteil der Streitkräfte. Jeder Wehrpflichtige wird nach dem Militärdienst einer Reserveeinheit zugeteilt und verbringt etwa 30 Tage im Jahr auf Wehrübungen.

Seit es die israelischen Streitkräfte gibt, widmet man der Ausbildung der Soldaten große Aufmerksamkeit. Unterricht und auch Hilfe bei persönlichen Problemen spielen eine wichtige Rolle. Das gilt auch für den Beitrag der Armee bei der Integration von Neueinwanderern in die israelische Gesellschaft. Auch dieses Engagement hat Tradition, denn die Kombination von Verteidigung und gesellschaftlichem Aufbau legte schließlich den Grundstein zur Schaffung von *Ha-Schomer* und *Haganah*.

LANDWIRTSCHAFT

Die Pioniere

Wer im heutigen Israel einen *Kibbuz* oder einen *Moschaw* besucht, kann sich nur schwer vorstellen, wie das Gelände aussah, als die Pioniere der zweiten und dritten *Alija* (1904–1919, 1919–1923) in Palästina eintrafen.

Viele der schönsten Siedlungen liegen dort, wo es früher nur Sumpf- oder mit Steinen übersätes Ödland gab. Der *Jewish National Fund* hatte große Anstrengungen unternommen, arabischen Großgrundbesitzern, die zum größten Teil in Beirut oder Damaskus lebten, das Land für horrende Summen abzukaufen. Danach standen die Siedler vor der schwierigen Aufgabe, unter den wachsamen Augen der misstrauischen und feindlichen arabischen Bevölkerung das Land zu roden und zu kultivieren.

Die Probleme, mit denen sich die Kolonisten konfrontiert sahen, waren vielfältig: Man musste Häuser bauen (zunächst nicht mehr als einfache Baracken), Brunnen graben, damit die Wasserversorgung wenigstens notdürftig gesichert war; um Getreide anbauen zu können, musste das Land von Steinen befreit werden. Im Winter verwandelten sich die kleinen Dörfer in riesige Schlammlöcher, ein paar Monate später

forderte die trockene Sommerhitze von Mensch und Tier ihren Tribut.

Man musste die Sümpfe trockenlegen, nicht nur um zusätzliches Ackerland zu gewinnen, sondern auch, um die Malaria zu bekämpfen. Wegen der vielen Moskitos, die den ganzen Sommer über dem Sumpfland schwärmten, mussten die Kolonisten ihren Körper selbst in der größten Hitze so weit wie möglich bedecken und alle nackten Körperteile mit Vaseline einreiben – wenn sie denn aufzutreiben war.

Dass ihnen landwirtschaftliche Fachkenntnisse fehlten, wurde den ersten Kolonisten ebenfalls zum Verhängnis: Die Aussaat ungeeigneter Getreidesorten führte zu Missernten, und Vieh, das man aus Nordeuropa, unter anderem den Niederlanden, eingeführt hatte, um die Milchproduktion zu steigern, erwies sich als Fehlgriff, weil es dem Klima nicht gewachsen war.

Zusätzlich zu all diesen Schwierigkeiten praktischer Natur drohte auch dauernde Gefahr von den arabischen Dörfern in der Nähe. Es gibt unzählige Geschichten, die von Sabotageakten, Angriffen und Überfällen auf *Kibbuzim* und *Moschawim* berichten. Oft mussten die Siedler Nachtwachen einrichten, um die Vernichtung der frischen Saat zu verhindern oder Angriffe von militanten arabischen Nationalisten abzuwehren. In den dreißiger Jahren waren viele Siedlungen im Grenzgebiet Hochburgen der *Haganah*. Während der arabischen Aufstände wurden so genannte „Palisaden- und Wachturm-Siedlungen“ gegründet, die als Verteidigungsanlagen genutzt wurden und mit denen man die Brennpunkte der Auseinandersetzungen räumlich getrennt halten konnte. Später erfüllten die *Kibbuzim* im Negev eine ähnliche Funktion. Dass sie zur Verteidigung gedacht waren, konnte man sofort an der Art sehen, wie sie errichtet wurden: In nur einem Tag zog man einen Zaun hoch und baute einen Wachturm. Man musste so schnell arbeiten, weil die britische Regierung andernfalls eingegriffen hätte.

Die zusätzlichen psychischen und körperlichen Belastungen, die die permanente Bedrohung durch die Araber mit sich brachte, trieb manch einen Kolonisten wieder in die Stadt zurück. Einige von ihnen waren so desillusioniert, dass sie sogar Israel überhaupt den Rücken kehrten.

Das Allon-Museum bei dem großen und erfolgreichen Nof Ginossar-Kibbuz (am Westufer des Sees Genezareth). Das Museum beherbergt das berühmte Fischerboot aus der Zeit Jesu, das man im Schlamm auf dem Grund des Sees fand.

Gesellschaftliche Bedeutung

Trotz anfänglicher Schwierigkeiten leisteten die *Kibbuzim* und *Moschawim* einen beachtlichen Beitrag zum gesellschaftlichen und wirtschaftlichen Aufbau Israels. Auch wenn sie zunächst auf Unterstützung von außen angewiesen waren – nicht nur finanziell, sondern auch zum Beispiel im Hinblick auf den Unterricht in landwirtschaftlichen Schulen –, trugen sie doch zum wirtschaftlichen Erfolg in Israel viel mehr bei, als man von ihrem zahlenmäßigen Anteil an der Gesamtbevölkerung hätte erwarten können.

Heute sind die *Kibbuzim* (ca. 270) und *Moschawim* (ca. 450) zum Teil hochmoderne landwirtschaftliche Betriebe, die neueste Bewässerungstechnologien einsetzen und intensiven Ackerbau betreiben. Die eingesetzten Methoden wurden in der Regel in Israel entwickelt. Viele *Kibbuzim* betreiben aber nicht nur Landwirtschaft, sondern sind auch in den Sektoren Industrie, Tourismus und Dienstleistungen aktiv.

Die einzigartige kollektive Struktur des *Kibbuz*, zweifellos das am besten bekannte Charakteristikum dieser Siedlungen, hat sich auch mit der Zeit verändert. Die alte Grundstruktur, nach der die Generalversammlung das höchste Organ darstellt, existiert noch immer. Die Mitglieder besitzen kein persönliches Eigentum, tragen mit ihren persönlichen Fähigkeiten bei, was sie können und erhalten dafür im Gegenzug alles, was sie zum Leben brauchen. Allerdings räumt heute fast jeder *Kibbuz* einem intensiven Familienleben größeren Raum ein, und auch die Kontakte zur Außenwelt haben sich verstärkt. Deshalb stellt es keine Ausnahme mehr dar, wenn ein Bewohner des *Kibbuz* anderswo arbeitet, und auch Arbeiter, die nicht zur Gemeinschaft gehören, werden in der Siedlung gegen ein Entgelt beschäftigt.

In den *Moschawim* war die Kooperation schon immer auf das Geschäftliche beschränkt, es wurde gemeinsam eingekauft, organisiert und vermarktet. Jede Familie besitzt ihren eigenen Hof und führt einen eigenen Haushalt. In den heutigen *Moschawim* geht die Tendenz zu größerer individueller Unabhängigkeit sogar noch weiter.

Die Zeiten, in denen die landwirtschaftlichen Exporte 60 % der gesamten Produktion aller Güter ausmachten, sind lange vorbei. Doch das hat mehr mit dem schnellen Wachstum der Industrie und des Dienstleistungssektors zu tun als mit einem „Niedergang“ der Landwirtschaft. Im Gegenteil, der Agrarsektor ist ein moderner Industriezweig, der eine Reihe von Qualitätsprodukten hervorbringt – von Milchprodukten und Geflügel bis hin zu Melonen,

Im Innern des Hafen von Haifa (1949).

Tomaten, Kiwis, Avocados, Gurken, Paprika, Erdbeeren, Zitrusfrüchten, Rosen und zahllosen anderen Blumen.

Für die israelische Gesellschaft aber war das wichtigste „Produkt" der *Kibbuzim* und *Moschawim* vielleicht der Pioniergeist, der in all seiner Vielfalt die Menschen zu Zusammenarbeit, Solidarität und Gemeinschaft anregte. Das Ausmaß, in dem diese Mentalität Spuren in dem jungen Staat hinterließ, wird daran deutlich, dass *Kibbuz*-Mitglieder lange Zeit im politischen und öffentlichen Leben überrepräsentiert waren.

INDUSTRIELLE ENTWICKLUNG

Auch wenn sich die zionistischen Organisationen in erster Linie darum bemühten, das Land zu kultivieren, wurden in den zwanziger Jahren auch die Rahmen-

Der See Genezareth (von Norden aus gesehen). Nach der Unabhängigkeit verbesserte die israelische Regierung die Infrastruktur des Landes mit Großprojekten, wie etwa der Wasserleitung vom See Genezareth zur Wüste Negev (1964 fertiggestellt).

bedingungen für eine blühende Industrie geschaffen. Für die britischen Behörden besaß der Aufbau eines guten Straßen- und Kommunikationsnetzes höchste Priorität, auch wenn sie dabei eher strategische Ziele im Blick hatten als das Wohl der jüdischen Bevölkerung.

Trotzdem profitierte der *Jeschuw* in vielerlei Hinsicht von den britischen Projekten in diesem Bereich. Nicht nur, dass man eine moderne Infrastruktur bekam, sondern die Bauarbeiten schufen auch viele Arbeitsplätze, die man in diesem kleinen, unterentwickelten Land, das einen enormen Zustrom an Einwanderern verkraften musste, bitter nötig hatte. Zu Beginn der zwanziger Jahre waren etwa 80 % der jüdischen Arbeiterschaft für die Arbeit an diesen Großprojekten angestellt.

Um 1924 herum aber flaute der Boom ab. Die britischen Behörden investierten nicht mehr in diese Projekte, und der Zustrom der Einwanderer versiegte praktisch. Bis 1928 entwickelte sich die Industrie nur noch mäßig. Obwohl nach 1925 wieder kleinere Gruppen von Einwanderern ins Land kamen, machten sie sich in der Regel mit kleinen Geschäften in den Städten, vor allem Tel Aviv, selbstständig. Viele von ihnen konnten die Krise wirtschaftlich nicht überleben und verließen das Land wieder.

Die britischen Behörden entwickelten kaum Initiative, um der Industrie wieder auf die Beine zu helfen, denn wenn die Wirtschaft zu schnell gewachsen wäre, hätte das viele Neueinwanderungen nach sich gezogen, und das hätte die Spannungen zwischen Arabern und Juden in Palästina nur noch verschärft. Es war ohnehin schon schwierig genug, die Ordnung aufrechtzuerhalten. Als sich die Briten zurückzogen, übernahmen die zionistischen Organisationen wie der *Jewish National Fund* und der *Keren Hajesod* die Abwicklung öffentlicher Aufträge.

1929, als die westliche Welt eine der größten Wirtschaftskrisen der Geschichte zu meistern hatte, schien Palästina die schlimmsten Probleme überwunden zu haben. Die Landwirtschaft erlebte eine Blütezeit wie nie zuvor (besonders, was die Produktion von Zitrusfrüchten anging), und infolgedessen ging es auch mit der Nahrungsmittelindustrie steil aufwärts. Auch der Abbau von Bodenschätzen begann nun. Moderne Fabriken zur Verarbeitung von Pottasche, die Kaliumprodukte für die chemische Industrie herstellten, schossen entlang dem Toten Meer aus dem Boden (1930, 1934). In den dreißiger Jahren wuchsen das Baugewerbe und verwandte Zweige explosionsartig, was zum Teil auf die Bemühungen der *Solel Boneh*, der großen Baufirma im Besitz der allgemeinen Gewerkschaft *Histradut*, zurückging. Haifa wurde mit seinem neuen Hafen (1933) und seinen Ölraffinerien zum wichtigen Knotenpunkt für Transport und Industrie, und um die Stadt herum entstanden in kurzer Zeit Satellitenstädte, die für die schnell wachsende Bevölkerung Wohnraum boten.

Die Zehntausende von deutschen Einwanderern, die nach 1933 ins Land strömten, um dem Nationalsozialismus zu entfliehen, trugen in einem enormen Ausmaß zur Entwicklung von Wirtschaft und Gesellschaft bei. Sie brachten nicht nur viel Kapital ins Land, sondern – noch viel wichtiger – Know-how, was die neuesten technischen Errungenschaften anging. Ihr Beitrag zu Forschung, Ausbildung und Technologie sorgte dafür, dass in Industrie und beispielsweise medizinischer Versorgung neue Maßstäbe gesetzt wurden.

Ein zweiter – paradoxer – Faktor, der die Wirtschaft in Palästina ankurbelte, war der Zweite Weltkrieg. Die Briten waren von ihrem gewohnten Nachschub abgeschnitten und

Eine Gruppe israelischer Kinder besucht die Klagemauer in Jerusalem. Bildung hat schon immer einen zentralen Stellenwert in der jüdischen Tradition innegehabt.

orderten in Palästina, was zu einem spektakulären Wachstum der Nahrungsmittel-, Textil- und metallverarbeitenden Industrie führte.

Nach der Unabhängigkeit konnte Israel die Früchte der Aufbauarbeit in den dreißiger Jahren genießen. Die Regierung bemühte sich insbesondere um den weiteren Ausbau der Infrastruktur und nahm große Projekte in Angriff, wie zum Beispiel den Bau der Wasserpipeline vom See Genezareth ins Landesinnere und den Negev (1964 fertig gestellt), den Ausbau des Straßensystems und der Versorgung mit Elektrizität, den Bau von Ölpipelines und die Anlage neuer Häfen (Aschdod) sowie die Expansion der chemischen Industrie entlang des Toten Meers.

All diese Projekte erforderten die zusätzliche Bereitstellung von Kapital – zusätzlich zu den immensen Kosten, die die Kriege und die Aufnahme der Einwanderer verschlungen hatten –, das das junge Land niemals aus eigener Kraft aufbringen konnte. Das Geld wurde schließlich von jüdischen Gemeinden außerhalb Palästinas gesammelt. Der Löwenanteil kam aus den Vereinigten Staaten, deren Regierung außerdem noch Darlehen und nicht rückzahlbare Aufbauhilfen nach Israel vergab. Auch die deutschen Reparationszahlungen, zusammen etwa 829 Millionen Dollar, trugen zu der beachtlichen wirtschaftlichen Entwicklung bei, auch wenn ein großer Teil der Bevölkerung diese Zahlungen mit gemischten Gefühlen betrachtete.

Nach dem Sechstagekrieg 1967 beschleunigte sich diese Entwicklung noch. In den frühen siebziger Jahren stieg zudem die Anzahl der Einwanderer aus westlichen Ländern drastisch an. Heute können sich die israelischen Industriezweige ohne Scheu mit denen der westlichen Welt messen. Die israelische Landwirtschaft, die chemische und die Elektroindustrie gehören zu den fortschrittlichsten der Welt. Im Bereich der alternativen Energiequellen (Solar- und Windenergie) sowie in der Medizin hält die Erforschung und Entwicklung neuer Technologien, inner- und außerhalb der Universitäten, im internationalen Vergleich eine Spitzenposition. Andere bedeutende

Industriezweige sind die Diamantenindustrie und der Tourismus.

AUSBILDUNG, MEDIZINISCHE VERSORGUNG UND SOZIALE DIENSTE

Ausbildung

In der jüdischen Tradition haben Ausbildung und Studium immer eine zentrale Rolle gespielt. Jüdische Gelehrte haben besonders in den deutschsprachigen Gebieten Europas bedeutende Beiträge zum Fortschritt der Wissenschaft geleistet. Das folgende Zitat aus dem Babylonischen Talmud (6. Jahrhundert v. Chr.) macht deutlich, wie wesentlich es durch die Jahrhunderte für die Juden war, in die nächste Generation zu investieren: „Die ganze Erde ruht auf dem Atem eines Kindes im Schulhaus“ (Schabbat 119b).

Wie wichtig eine gute Ausbildung ist, wussten die Juden nun umso mehr zu schätzen, als es um den Aufbau ihres eigenen Staates ging. Der allererste Schritt war die Einführung des Hebräischen als Landessprache, so dass nun die heterogene Bevölkerung im ganzen Land mit einer Zunge sprach. Vor- und Grundschulen hatte es bereits zur Zeit der ersten *Alija* (1881–1903) gegeben, und seit 1906 begann sich mit den Gymnasien in Tel Aviv (1906) und Jerusalem (1909) auch das höhere Schulwesen zu entwickeln.

Diese ersten Vorstöße waren notwendigerweise die Frucht vereinzelter Initiativen, denn die Verwaltung hatte noch keine landesweiten Richtlinien zum Bildungswesen herausgegeben. Die Aufstellung des Lehrplans und die Ausgabe von Lehrmaterialien lagen in den Händen der Lehrer selbst. Dies änderte sich nach und nach in der Zeit der britischen Mandatsregierung. Die *Knesset Jisrael* führte die Grundschulpflicht ein.

In dieser Zeit nahm auch die höhere Schulbildung Gestalt an. 1924 wurde das Technion-Israel-Institut für Technologie in Haifa eröffnet – nach zwölfjähriger Vorbereitung, die durch den Ersten Weltkrieg und eine Kontroverse über die Unterrichtssprache (Deutsch oder Hebräisch) ins Stocken geraten war. Grund zum Jubel gab es, als 1925 die Hebräische Universität in Jerusalem eröffnet wurde. Die Eröffnungszeremonie wurde von dem Mann geleitet, der in den acht vorhergehenden Jahren der Hoffnung auf einen unabhängigen jüdischen Staat Fleisch und Blut verliehen hatte: Lord Balfour. Sein Gastgeber war Chaim Weizmann, Präsident der Zionistischen Weltorganisation. 1949, ein Jahr, nachdem er der erste Präsident des unabhängigen Israel geworden war, wurde ein wissenschaftliches Institut nach ihm benannt, das später international einen hervorragenden Ruf genießen sollte: Das Weizmann-Institut, 1934 als Daniel-Sieff-Forschungsinstitut in Rehovot gegründet.

In den ersten Jahren nach der Unabhängigkeit wurde deutlich, dass man ein landesweites Bildungskonzept brauchte. Die Zahl der Schulkinder nahm rasch zu; sie entstammten verschiedenen kulturellen Kontexten und brachten ganz unterschiedliches Vorwissen mit. Man konnte ihnen nicht allein mit einem von Regierungsseite standardisierten Lehrplan gerecht werden, sondern musste außerdem individuell zugeschnittene Pläne und Auffrischungskurse anbieten. Nach den in den Jahren1949 und 1953 verabschiedeten Bildungsgesetzen machten die Institute, die sich auf spezielle Gruppierungen konzentriert hatten, öffentlichen, vom Staat getragenen Schulen sowie subventionierten religiösen Schulen Platz. Dem Unterricht im *Kibbuz* wurde ein besonderer Status eingeräumt, und auch die unabhängigen Toraschulen existierten weiter. Heute besteht Schulpflicht für alle Sechs- bis Sechzehnjährigen, und bis zum Alter von achtzehn Jahren kostet die schulische Ausbildung nichts.

Seit den siebziger Jahren schenkt man der höheren Schulbildung von Jugendlichen aus armen Vierteln besondere Beachtung, die aufgrund der immer weiter auseinander klaffenden sozialen Schere Gefahr laufen, ohne Zukunftsperspektive dazustehen. Außerdem darf in den Schulen der arabischen Minderheiten Unterricht in der eigenen Sprache und Kultur erteilt werden, damit die Identität dieses Bevölkerungsteils

Hadassah-Krankenhaus auf dem Berg Skopus in Jerusalem (1996).

bewahrt wird. Um die Integration von Juden und Arabern im modernen Israel zu fördern, gibt es in den jüdischen wie auch arabischen Schulen Programme, die die Vorurteile zwischen beiden Kulturen zu überwinden versuchen, indem sie den Schülern helfen, sich gegenseitig zu verstehen und zu respektieren.

Das Bildungssystem bietet sechs Jahre Grundschulunterricht, sechs Jahre weiterführende Schule in verschiedenen Fachrichtungen (technisch, landwirtschaftlich, religiös) und schließlich das komplette Spektrum an akademischen Fächern und Berufsschulbildung. Zusätzlich zum und auch im regulären System werden Kurse und Schulungen für alle denkbaren Untergruppen angeboten. Einwanderer, die das Hebräische noch nicht beherrschen, können mehrmonatige Intensivkurse in sogenannten *Ulpanim* belegen; Erwachsene haben die Möglichkeit, Wissenslücken im Beruf zu füllen oder weiterführende Kurse zu belegen. Die Offene Universität von Israel (1974) bietet jedem Israeli die Möglichkeit, einen akademischen Abschluss in einem Teilzeit-Studium zu erwerben.

Sieben Universitäten gibt es in Israel: neben den drei bereits erwähnten noch die Bar Ilan Universität (Ramat Gan, 1955), die Universität Tel Aviv (Tel Aviv, 1956), die Universität Haifa (Haifa, 1963) und die Ben-Gurion-Universität des Negev (Be'er Scheva, 1967). In Forschung und Lehre wird Hervorragendes geleistet, was zum Beispiel daraus ersichtlich ist, dass relativ gesehen die meisten Beiträge in internationalen wissenschaftlichen Fachzeitschriften von israelischen Forschern stammen.

Das Gesundheitswesen

Mit *Biqur Holin* bezeichnet man die Verpflichtung, Kranke aufzusuchen und für sie zu sorgen. Der rabbinischen Lehre nach handelt es sich dabei um eine der größten guten Taten überhaupt. Auch das erste Krankenhaus in Jerusalem, das von jüdischen Gemeinschaften in Europa 1843 gegründet wurde, trägt diesen Namen. Wie zwei andere Hospitäler, die um die Jahrhundertwende gegründet wurden (Misgav Ladach, 1888, und Scha'are Tzedeq, 1902), existiert es auch heute noch. Allerdings ist Biqur Holin heute ein hochmodernes Krankenhaus, in dem Geräte und Know-how zur Anwendung kommen, die die optimale Versorgung der Patienten garantieren.

In der britischen Mandatszeit spielte die *Hadassah*, die zionistische Frauenorganisation Amerikas, eine wichtige Rolle für die Entstehung eines modernen Gesundheitswesens. 1912 sandte sie zwei Krankenschwestern nach Palästina, um beim Aufbau

Diese hebräischen Buchstaben bilden eine beeindruckende Skulptur im Billy Rose-Skulptur-Park und bedeuten das hebräische Wort für „Liebe".

eines solchen Gesundheitssystems zu helfen. In den dreißiger Jahren widmete sich die *Hadassah* der Aufgabe, die Kinder der *Jugend-Alija* aufzunehmen, einer Bewegung, die so viele Kinder wie möglich aus Deutschland nach Israel brachte, um sie vor dem Naziterror zu retten. Heute besitzt das medizinische Zentrum der Hadassah in Jerusalem zwei Krankenhäuser und bildet Ärzte, Apotheker sowie Pfleger und Schwestern aus.

Das Gesundheitswesen in Israel arbeitet auf einem hohen Niveau, und zwar sowohl in der Vorsorge als auch in der Behandlung und Forschung. Die Lebenserwartung israelischer Männer und Frauen steht der in den westlichen Industrieländern in nichts nach, und die Säuglingssterblichkeit gehört zu den niedrigsten der Welt. Israel hatte einen großen Anteil an neuen Entwicklungen in der Medizin, wie etwa der Laserchirurgie oder neuer Methoden in der Rehabilitationsmedizin.

Israel – Wunder der Verheißung

Wer sich die oben dargestellten Entwicklungen einmal vor Augen hält und sich klarmacht, dass sie alle *gleichzeitig* über einen Zeitraum von noch nicht einmal 80 Jahren stattfanden, wird etwas von dem Wunder Israels begreifen. Dieser kleine Winkel des Nahen Ostens hat mit Höchstgeschwindigkeit eine Entwicklung durchgemacht, für die die westlichen Industriestaaten Jahrhunderte brauchten. Zugegeben, bei allem, was Israel bisher erreicht hat, hat das Land auch heute noch große Probleme, die zum Teil auf die äußerst heterogene Bevölkerung zurückzuführen sind. Aber die neuste Geschichte des Landes lässt trotzdem nur eine einzige Schlussfolgerung zu: Es ist die göttliche Verheißung, zitiert am Anfang dieses Kapitels, die Israel nicht aufgeben ließ; sie gab die Kraft weiterzumachen, wenn menschlich gesehen der Erfolg nicht mehr möglich war. Israel hat sich an dieses Versprechen geklammert, gegen den Augenschein und doch ohne den realistischen Blick zu verlieren. Diese Haltung ist typisch für das Volk Gottes. Wieder einmal war es David Ben-Gurion, der diesen Standpunkt kurz und treffend umriss: „Wer nicht an Wunder glaubt, ist kein Realist."

DIE EINWANDERER KEHREN HEIM

Russland, Polen, Lettland, Jemen, Iran, Irak, Marokko, Deutschland, die Vereinigten Staaten, Indien, Italien, Frankreich, England, Libyen, Tunesien, Argentinien, Ägypten, Äthiopien, Bulgarien, Ungarn, Rumänien, Griechenland, Türkei, Spanien, Portugal . . . Das ist nur ein Auszug aus der Liste der Länder, aus denen Juden nach Israel heimgekehrt sind, um hier ihr Land aufzubauen. Die gesamte Liste umfasst etwa einhundert Länder auf allen fünf Kontinenten.

Vor der Staatsgründung 1948 waren es meist Menschen aus Mittel- und Osteuropa, die in das verheißene Land auswanderten und dort den Grundstein für das moderne Israel legten. Nach der Unabhängigkeit veränderte sich die Situation drastisch. Nun wurden alle Einschränkungen bezüglich der Einreise von Juden aufgehoben, und 1950 trat das Heimkehrergesetz in Kraft, das Juden auf der ganzen Welt das Recht gab, sich dauerhaft in Israel niederzulassen. Das Einbürgerungsgesetz (1952) verlieh sogar jedem jüdischen Einwanderer die Staatsbürgerschaft, sobald er oder sie israelischen Boden betrat.

Aufgrund dieser Bestimmungen und der engen Zusammenarbeit mit internationalen Organisationen (der Zionistischen Weltorganisation und der *Jewish Agency*) hat sich die jüdische Bevölkerung in nicht einmal fünfzig Jahren versiebenfacht, von etwa 600 000 Menschen 1948 auf etwa 4,5 Millionen 1995. Die Organisation der *Alijas* und der Empfang der Einwanderer in Israel verlangte der Regierung des verheißenen Landes und der gesamten jüdischen Gemeinschaft überall auf der Welt enorme Anstrengungen ab, denn man musste sich um Wohnraum, Arbeit, medizinische Versorgung und die gesell-

Kinder in einem Aliyah-Jugend-Ferienlager nahe Karkur (1950).

schaftliche Integration der Immigranten kümmern. Selbst heute ist dieser Prozess noch nicht abgeschlossen.

Die erste Einwanderungswelle: 1948–1951

Im gleichen Augenblick, da sich die israelischen Häfen und Flughäfen den Juden auf der ganzen Welt öffneten, schlossen die Armeen der benachbarten arabischen Länder die Grenzen. In dem turbulenten ersten Jahr nach der Unabhängigkeit kamen trotz des Unabhängigkeitskrieges etwa 200 000 Juden aus 42 Ländern in den Häfen von Haifa und anderen Städten an. Die erste Gruppe, etwa 25 000 Männer und Frauen, stammte aus den britischen Lagern für „illegale Einwanderer“ auf Zypern. Auch die Lager für die Überlebenden des Holocaust in Europa leerten sich zusehends.

Der Einwandererstrom war für das junge Land lebenswichtig, gleichzeitig aber stellte er die Regierung vor Probleme, die fast unmöglich gelöst werden konnten. In dieser Zeit passierten täglich Hunderte von Einwanderern die *Scha'ar ha-Alija* („Pforte der Alija“), das erste Auffangzentrum, das man in einem renovierten britischen Armeestützpunkt nicht weit von Haifa eingerichtet hatte. Dort wurden sie registriert, untersucht, geimpft und zu verschiedenen Bestimmungsorten weitergeschickt. Am Anfang konnte man viele von ihnen noch in den Häusern der Araber unterbringen, die während des Unabhängigkeitskrieges das Land verlassen hatten. Andere fanden Zuflucht bei ihrer Familie oder bei Freunden, oder sie ließen sich in den neu entstandenen *Kibbuzim* oder *Moschawim* nieder.

Trotzdem lebten 1950 noch über 110 000 Einwanderer in provisorischen Lagern, fast ohne Aussicht, sich in der nahen Zukunft irgendwo dauerhaft niederlassen zu können. Auch wenn die Lebensbedingungen in den Zeltlagern viel zu wünschen übrig ließen, war dies doch nicht der eigentliche Grund, warum sich einige ihrer Illusionen zerschlugen. Die Immigranten hatten das Gefühl, nichts für ihr Land tun zu können, und es bereitete ihnen noch mehr Schmerzen, gänzlich von der Fürsorge der Behörden abhängig zu sein. Dafür waren sie

nicht nach Israel gekommen. Als der Druck durch die immer weiter ins Land strömenden Einwanderer immer mehr zunahm, musste man das ganze System umstellen, um die um sich greifende Mutlosigkeit unter den gerade Angekommenen zu bekämpfen.

Die Regierung reagierte sehr schnell auf dieses Problem, indem sie eine Anzahl *Ma'abarot* errichtete, Übergangslager für diejenigen, die nicht sofort Arbeit oder Wohnung finden konnten. In diesen *Ma'abarot*, die seit 1950 in schneller Folge errichtet wurden, verzichtete man nun darauf, den Neueinwanderern alle Arbeit abzunehmen, sondern legte Wert auf Eigeninitiative und

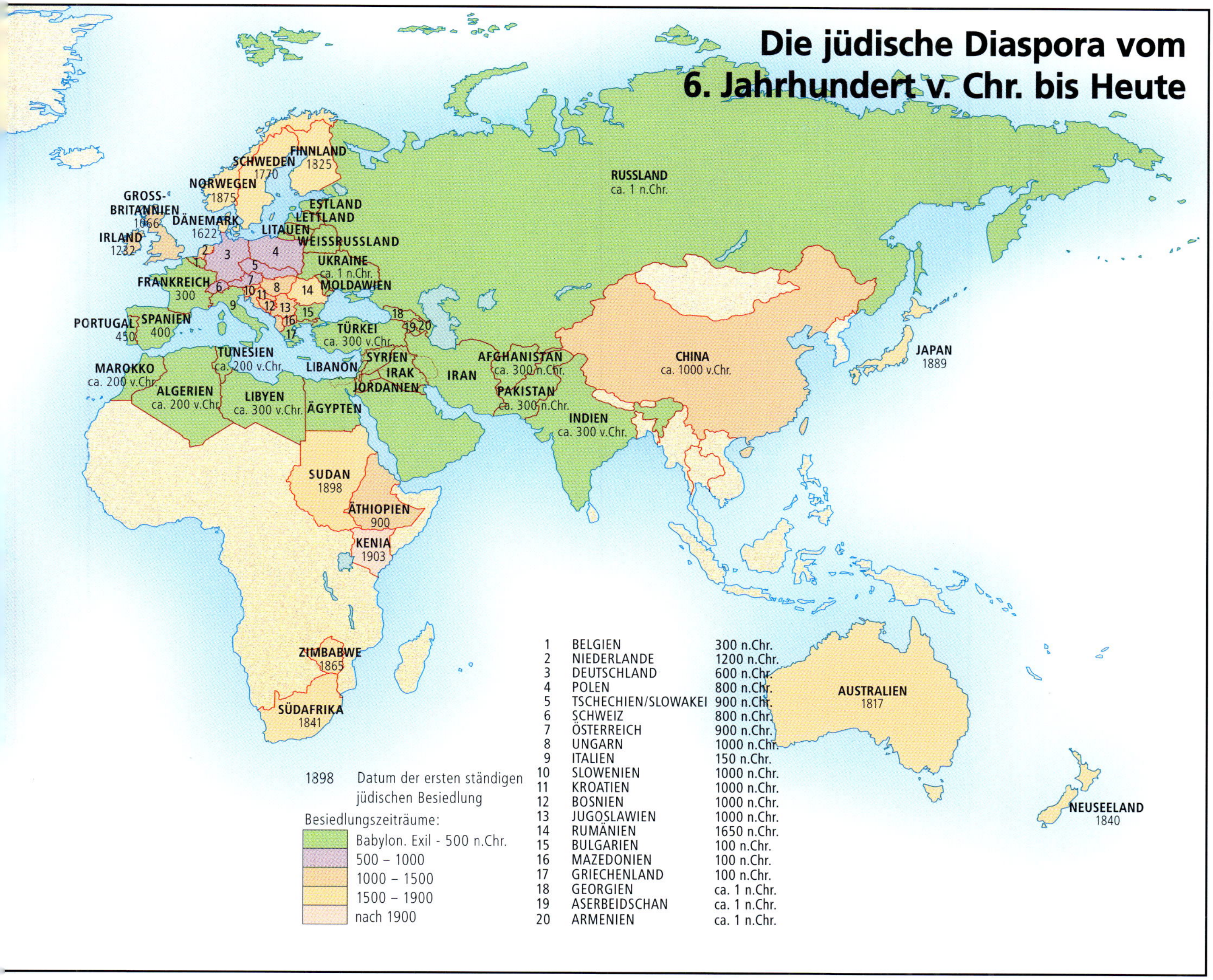

Unabhängigkeit. Von den Familien erwartete man, dass sie ihre eigenen Mahlzeiten zubereiteten und sich mit Hilfe von Arbeitsvermittlungen selbst Stellen suchten. Man bot Hebräischkurse an, und in allen Lagern gab es eine medizinische Basisversorgung und auch Sozialarbeiter, die den Einwohnern ihre Hilfe bei allen denkbaren Problemen anboten. Die *Ma'abarot* wurden vorzugsweise in der Nähe größerer Dörfer und Städte errichtet, weil es dort Arbeitsmöglichkeiten gab. Außerdem organisierte der *Jewish National Fund* im großen Stil Arbeitsbeschaffungsmaßnahmen im Rahmen von Wiederaufforstungsprogrammen, Straßenbauarbeiten und der Urbarmachung von Land.

1952 lebten von den fast 700 000 Einwanderern, die zwischen Mai 1948 und Ende 1951 in Israel eingetroffen waren, etwa 250 000 in 113 *Ma'abarot*. Viele andere ließen sich in den *Kibbuzim* oder *Moschawim* nieder, von denen im ganzen Land mehr als 300 innerhalb von vier Jahren entstanden (1949–1953).

Mehr oder weniger *ad hoc* musste man Maßnahmen einleiten, um mit der ersten großen Einwandererwelle fertig zu werden. Die Integration von großen Menschenmassen in ein Land, das sich selbst erst im

Jemenitische Juden warten bei Aden auf ihren Flug nach Israel (November 1949).

Aufbau befand, erforderte andere Strukturen als das „illegale" Hereintröpfeln von einzelnen Immigranten während der britischen Mandatszeit. Darüber hinaus stammten diese Neubürger im Gegensatz zu früher aus einer Vielzahl von sehr unterschiedlichen Kulturen. Während 1948 die Aschkenasim (aus Mittel- und Osteuropa) 80 % der jüdischen Bevölkerung stellten, war ihr Anteil bis Mitte der 60er Jahre auf etwa 50 % abgesunken.

Juden aus Asien und Nordafrika machten etwa die Hälfte der ersten Einwanderungswelle aus. 1949 und 1950 beispielsweise wurde fast die gesamte jüdische Bevölkerung des Jemen (47 000 Menschen) in der spektakulären Aktion „Operation Fliegender Teppich" von Aden nach Israel ausgeflogen. Nachdem im Irak sehr plötzlich ein „Besonderes Gesetz zur Genehmigung der Auswanderung von Juden" in Kraft getreten war, wurden 1950 und 1951 auf ähnliche Weise mehr als 120 000 irakische Juden über Zypern ins Heilige Land gebracht: Man erlaubte ihnen, das Land zu verlassen, wenn sie ihre irakische Staatsbürgerschaft aufgaben und nahezu keine Devisen aus dem Land ausführten. Die „Operation Esra und Nehemia" dauerte etwa 18 Monate. Die anderen orientalischen Juden stammten hauptsächlich aus der Türkei (34 000), Marokko (30 750), Libyen (30 500), dem Iran (24 800), Ägypten (16 500) und Tunesien (13 150).

Es kann kein Zweifel darüber bestehen, dass der Zustrom von meist armen und schlecht ausgebildeten Menschen die israelische Wirtschaft bis an ihre Grenzen belastete. Auch wenn die großen Arbeitsbeschaffungs-Projekte den Einwanderern die Möglichkeit gaben, Berufserfahrung zu sammeln und soziale Kontakte zu knüpfen, boten sie ihnen doch keinen direkten wirtschaftlichen Vorteil. Die Folge davon war, dass Israel zwischen 1952 und 1954 eine Phase der Rezession durchmachte, und das wiederum zeigte einen Einfluss auf die Anzahl der Neuzuwanderer: Nur noch ca. 50 000 Menschen kamen während dieser drei Jahre ins Land.

Premierminister Levi Eshkol und Minister Menachem Begin besichtigen eine israelische Militärparade auf der Halbinsel Sinai.

Die Regierung aber machte im Großen und Ganzen aus der Not eine Tugend. Sie nutzte die „Einwanderungspause“, um das Bildungssystem auszubauen, gerade im Hinblick auf den Hebräischunterricht (*Ulpanim*), und entwickelte eine neue Strategie zum Umgang mit Einwanderern. Das Konzept „Vom Schiff in die Siedlung“ wurde nun umgesetzt. Man schickte die Einwanderer nun nicht mehr in die *Ma"abarot*, sondern siedelte sie sofort in so genannten „Entwicklungsstädten“ an, und zwar in Häusern, die entweder schon bereit standen oder von den Einwanderern selbst errichtet werden mussten. So entstanden im ganzen Land dauerhafte Siedlungen, die von den Einwanderern selbst zu Dörfern und Städten erweitert wurden. Eine Reihe von *Ma"abarot* diente als Keimzelle dieser Entwicklungsstädte, eine der bekanntesten ist Kirjat Schemonah.

Das zweite Israel

In der zweiten Hälfte der fünfziger Jahre stieg die Zahl der Einwanderer wieder an. Besonders viele Menschen kamen aus Marokko (70 000) und Tunesien (15 250), wo die gerade errungene Unabhängigkeit (1956) zu einer Welle des arabischen Nationalismus geführt hatte. Der Sinai-Feldzug im gleichen Jahr führte auch zum Exodus der ägyptischen Juden (14 500). Zwischen 1955 und 1960 kamen auch etwa 85 000 Menschen aus den kommunistisch regierten Ländern Osteuropas. Für die besser Ausgebildeten richtete man besondere Quartiere in Pensionen ein.

Die Einwanderer, die zwischen 1948 und Mitte der 60er Jahre in Israel eintrafen, waren zum großen Teil orientalische Juden, die aus Ländern stammten, wo sie in gesellschaftlicher, religiöser und kultureller Hinsicht eine unterdrückte Minderheit darstellten. Der Übergang von einer in der Regel feudalen islamischen Agrargesellschaft zur sich schnell entwickelnden israelischen

Nach der Einnahme der Jerusalemer Altstadt durch die israelische Armee 1967 war es den Juden wieder möglich, in Freiheit an der Klagmauer zu beten.

Industriegesellschaft, die nach dem Vorbild westlicher Demokratien aufgebaut war, erwies sich für viele von ihnen als Kulturschock. Schwierigkeiten beim Einleben waren unvermeidlich, besonders als die Wirtschaft in den frühen 60er Jahren zu boomen begann, diesen Gruppen aber kaum Möglichkeiten bot, davon zu profitieren. So entstand neben dem „ersten Israel" der europäischen Pioniere und der im verheißenen Land geborenen Kinder ein „zweites Israel" der Juden aus dem Osten, denen es wirtschaftlich schlecht ging, die kaum Kontakte zur beherrschenden aschkenasischen Kultur pflegten und Gefahr liefen, eine neue Unterschicht zu bilden. Die Neubürger brachten ihre Unzufriedenheit mit dieser Entwicklung durch Demonstrationen gegen die Regierungspolitik und geballte Unterstützung der Oppositionsparteien zum Ausdruck.

Es wurde deutlich, dass das bisherige „Schmelztiegelmodell", nach dem die Einwanderer sich der herrschenden gesellschaftlichen Struktur des Landes anpassen sollten (bis in die 50er Jahre war dies die von den europäischen Aschkenasim geprägte Struktur), einem neuen Konzept weichen musste, in dem man besser auf die besonderen Bedürfnisse der verschiedenen Bevölkerungsgruppen einging und den Schritt von der Uniformität zum Pluralismus machte. In dem Jahrzehnt, das dieser wichtigen Einsicht folgte, führte das unter anderem zur Einrichtung von Aus- und Weiterbildungsprogrammen für Jugendliche, zur Anpassung der Sozialleistungen und dem Aufruf zu gegenseitigem Verständnis und Respekt vor dem Hintergrund der verschiedenen Kulturen. Die *Jewish Agency* widmete sich der Erneuerung unterentwickelter Gebiete, indem sie für soziale Veränderung eintrat und auch die unmittelbaren Lebensbedingungen verbesserte.

Mitte der neunziger Jahre war das drohende „zweite Israel" kein Thema mehr. Heute bilden die orientalischen Juden in gesellschaftlicher und politischer Hinsicht eine einflussreiche Gruppe, die sich mit jeder Generation immer mehr mit den anderen ethnischen Gruppen vermischt – etwa 25 % aller heute in Israel geschlossenen Ehen sind „ethnisch gemischt".

Premierminister Shimon Peres (links) heißt den freigelassenen zionistischen Gefangenen Anatoly Scharansky auf dem Ben-Gurion-Flughafen in Tel Aviv willkommen (Februar 1986).

Einwanderung aus der „Freien Welt"

Trotz aller Bemühungen der Zionistischen Weltorganisation hinkte die Einwanderung aus den „freien" Ländern in den ersten zwanzig Jahren nach der Unabhängigkeit weit hinter der Einwanderung aus den „Problemländern" hinterher. Von allen Einwanderern, die zwischen 1948 und 1970 ins Land kamen, stammten lediglich 11 % aus Westeuropa sowie Süd- und Nordamerika, 87,3 % dagegen aus Asien, Afrika und Osteuropa. Auf der anderen Seite trugen die Juden der westlichen Diaspora, besonders die großen und wohlhabenden Gemeinden in den Vereinigten Staaten, sehr viel zum Aufbau Israels bei, politisch wie auch materiell.

Der Sechstagekrieg 1967, in dem Israel die Westbank, das Westufer des Jordan, erobern konnte und die Wiedervereinigung Jerusalems erreichte, führte im westlichen Judentum zu einer euphorischen Stimmung, so dass viele westliche Juden nun eher zur *Alija* bereit waren. Auch wenn die Gesamtzahl der Einwanderer aus dem Westen recht klein blieb, war hier doch zweifellos ein Durchbruch gelungen. Das wurde besonders an der Reaktion auf den „Ruf zur *Alija*" deutlich, den die israelische Regierung zusammen mit der *Jewish Agency* im Juli 1967 veröffentlichte, einen Monat nach dem Krieg. Die Zahl der Einwanderer in den drei darauf folgenden Jahren stieg auf 40 000 pro Jahr, mit einem relativ starken Zustrom aus den westlichen Ländern. Darüber hinaus entstand 1968 in einer Reihe von Ländern die so genannte *Alija*-Bewegung. Ihre Mitglieder verpflichteten sich, innerhalb von drei Jahren nach Israel auszuwandern. 1970 betrug die Mitgliederzahl 15 000, es waren Männer und Frauen aus 22 meist westlichen Ländern.

Um die Einwanderung von gut ausgebildeten Einwanderern aus dem Westen zu fördern und die Integration so problemlos wie möglich zu gestalten, setzte das neu gegründete Integrationsministerium (1968) einige Bestimmungen im verheißenen Land in Kraft. Die Folge davon war, dass potentielle Einwanderer zwischen sechs Monaten und einem Jahr in Auffangzentren verbringen konnten, um dort Hebräisch zu lernen und sich die Gewissheit zu verschaffen, dass sie in Israel oberhalb eines akzeptablen

Ein Trauergottesdienst für einen religiösen Führer der Falascha in Ashdod (1984).

Wohlstandsniveaus leben konnten. Die Bürokratie wurde auf ein Minimum reduziert, und in den ersten drei Jahren ihres Aufenthalts konnten westliche Einwanderer auf verschiedene Vergünstigungen bei Wohnraum, Steuern und Krankenversicherung zählen.

Ein anderer wichtiger Faktor, der zur *Alija* aus den westlichen Ländern beitrug, war die bereits bestehende Möglichkeit für ausländische Studenten, in Israel zu studieren.

Das wachsende Interesse an der *Alija* zu Beginn der siebziger Jahre ließ allerdings nach dem dramatischen Jom-Kippur-Krieg 1973 schlagartig nach. Die siebziger und achtziger Jahre wurden vor allem von der Zuwanderung aus der UdSSR geprägt, und den spektakulären Operationen, die die äthiopischen Juden nach Israel brachten.

Einwanderer aus der UdSSR

Weil die kommunistischen Behörden auswanderungswilligen Juden viele Hindernisse in den Weg stellten, hielten sich die Emigrantenzahlen in der Sowjetunion in Grenzen, während der Exodus aus den Ländern in der Einflusssphäre der UdSSR sehr viel größere Ausmaße annahm. Der Sechstagekrieg 1967 allerdings bewirkte, dass sich die russischen Juden ihrer besonderen Identität von neuem bewusst wurden. In den frühen siebziger Jahren wurde auf internationalen Druck hin immer mehr Juden erlaubt, das Land zu verlassen: Einige gingen nach Israel, viele aber entschieden sich für den freien Westen, besonders die Vereinigten Staaten. Diese Tendenz hielt an, gerade nach dem Jom-Kippur-Krieg. Die steigende Emigrantenquote verursachte in Israel Spannungen zwischen dem Integrationsministerium und der *Jewish Agency*, weil sich die Behörden nicht darüber einig werden konnten, wie man die russischen Juden aufnehmen sollte und welche Bestimmungen notwendig wären, um das Ruder herumzuwerfen. Ein anderer Streitpunkt der öffentlichen Debatte bestand darin, ob die „Aussteiger" von der großzügigen Hilfe der jüdischen Weltgemeinschaft profitieren dürften. Dabei spielten nicht nur ethische, sondern auch praktische Aspekte eine Rolle. Auf die sowjetischen Behörden wirkte diese Entwicklung bereits hemmend, denn sie hatten Ausreisevisa für Familienzusammenführungen in Israel ausgestellt, nur um dann zuzusehen, wie viele dieser Juden als „politische Flüchtlinge" noch weiter in die kapitalistischen Vereinigten Staaten reisten. Das trug nicht gerade dazu bei, das internationale Ansehen der Sowjetunion zu verbessern – Grund genug, um die Ausstellung von Visa 1980 praktisch zum Erliegen zu bringen.

Erst gegen Ende der achtziger Jahre kam es zu einem Massenexodus aus der Sowjetunion, denn unter Präsident Michail Gorbatschow liberalisierte sich das politische Leben. Zwischen 1989 und 1992 emigrierten ungefähr 400 000 Juden aus Russland nach Israel. Nach dem Zusammenbruch des Ostblocks stellten Russland und die früheren Satellitenstaaten immer noch den Hauptanteil der Neueinwanderer.

Beta Israel: Die Juden aus Äthiopien

Die auffälligste Entwicklung im Bereich der Einwanderung in den achtziger und frühen neunziger Jahren war zweifellos die Ankunft einer uralten jüdischen Bevölkerungsgruppe aus Äthiopien.

Die *Beta Israel* („Haus Israels"), wie sie sich selbst nennen, behaupten, Nachkommen von König Salomo und der Königin von Saba zu sein. Anderen Theorien zufolge stammen sie von Juden ab, die sich im 1. Jahrhundert v. Chr. aus Ägypten oder einige Jahrhunderte später von Südarabien aus auf den Weg nach Äthiopien machten. Was auch immer zutreffen mag, während der vielen Jahrhunderte in Afrika verloren sie den Kontakt zu den anderen Juden der Diaspora fast völlig, was daraus ersichtlich wird, dass sie mit dem Talmud und anderen Zeugnissen des rabbinischen Judentums nicht vertraut sind. Sie kennen aber die rituellen Reinheitsgebote und feiern *Passah, Schawuot, Sukkot* und besonders *Jom Kippur*, wenn auch in leicht abgewandelter Form. Auch den Sabbat halten sie.

Aufgrund ihrer anderen Überlieferungen stritt man in orthodoxen Kreisen lange, ob es sich wirklich um Juden handele, bis schließlich der sephardische Oberrabbiner erklärte, dass sie in jeder Hinsicht Juden seien und darum nach dem Heimkehrergesetz das Recht hätten, sich in Israel niederzulassen. Bereits 1977 traf eine kleine Gruppe der *Beta Israel* ein, aber nachdem die Nachricht zu den Medien durchgesickert war, schloss sich die Tür zwischen Afrika und Israel wieder.

In den folgenden Jahren mussten die *Falascha* („Exilanten"), wie die Äthiopier sie nannten, wegen des Bürgerkriegs zwischen Äthiopien und Somalia unglaubliches Leid durchmachen. Sie hatten nicht nur unter dem zunehmenden Antisemitismus zu leiden, sondern mit den anderen Einwohnern des Landes auch unter der langen und unerbittlichen Dürre. 1984 flohen sie schließlich in großer Anzahl zusammen mit Zehntausenden Äthiopiern in den Sudan, wo sie unter harten Bedingungen in Flüchtlingslagern lebten – wenn sie denn den langen, kräftezehrenden und gefährlichen Fußmarsch dorthin überhaupt lebendig überstanden.

Im November 1984 startete die israelische Regierung die geheime „Operation Mose". Sie sollte die jüdischen Flüchtlinge aus den Lagern im Sudan in das verheißene Land bringen. Die Operation schien ein Erfolg zu werden, bis die internationalen Medien, genau wie sieben Jahre zuvor, Wind von der Sache bekamen und sich die Grenzen schlossen. Bis zu diesem Zeitpunkt waren 17 000 Menschen nach Israel gekommen. Seit 1990 gab es wieder Einwanderer. Die Welle erreichte 1991 ihren Höhepunkt mit der „Operation Salomo", als über 14 000 Menschen innerhalb von 33 Stunden von Addis Abeba nach Tel Aviv geflogen wurden.

Das Yad Vashem-Mahnmal für den polnischen Lehrer Janusz Korczak, der es ablehnte, seine Schüler zu verlassen und mit ihnen im Konzentrationslager getötet wurde.

ZUM SCHLUSS

DAS LAND DER JUDEN UND DER KONFLIKT MIT DEN PALÄSTINENSERN

Kritiker Israels argumentieren, dass der Aufbau des jüdischen Staates Hand in Hand mit der systematischen Austreibung der palästinensischen Araber gegangen sei, um den jüdischen Einwanderern Raum zu schaffen. Die Zahlen scheinen ihnen Recht zu geben: Mitte der neunziger Jahre lebten fast 6 Millionen Menschen in Israel. Weil immer mehr Juden aus der Diaspora zurückkehren, sind heute 80 % der Bevölkerung Juden, im Gegensatz zu etwas über 40 % zu Beginn des Unabhängigkeitskrieges. 1995 zählte die arabische Bevölkerung etwa eine Million Einwanderer und lag damit nur 10 % höher als 1948. Die nackten Zahlen allerdings erlauben nicht immer einfache Schlussfolgerungen. Deshalb müssen wir den Hintergund zu diesen statistischen Angaben ebenso untersuchen wie die gegenwärtige Situation der nicht-jüdischen Bevölkerung in Israel.

Fangen wir mit dem Letzteren an. Der Lebensstandard in Israel ist hoch, gerade wenn man ihn mit dem der benachbarten arabischen Länder vergleicht, und alle Bevölkerungsgruppen profitieren davon. Der natürliche Bevölkerungszuwachs unter den Arabern ist auf die bedeutend verbesserte Situation des Gesundheitssystems, der Hygiene und der allgemeinen Lebensbedingungen zurückzuführen, wodurch die Kindersterblichkeit drastisch zurückgegangen ist. Aufgrund der überall vorhandenen und modernen Bildungs- und Kultureinrichtungen liegt das durchschnittliche Bildungsniveau der israelischen Araber höher als das der Bevölkerung in den Nachbarländern; israelische Araber genießen dieselben Rechte wie die jüdische Bevölkerung, einschließlich der politischen Rechte, sind aber zum Beispiel von der Wehrpflicht in der israelischen Armee ausgenommen. Das sind nur ein paar Beispiele für die heutige Realität. Und genau diese Realität – ein eigenes jüdisches Land zu besitzen, das auch den anderen Bevölkerungsgruppen ihre Rechte zugesteht – war es, die die meisten der ersten Pioniere zum Ideal erhoben. Sie hatten auf eine produktive Zusammenarbeit mit den Arabern beim Aufbau des verheißenen Landes gehofft.

Eine Abteilung der „Israel Defence Force" (IDF) im Dienst in Jerusalem.

Die arabische Stadt Nablus wurde zum Brennpunkt palästinensischen Kampfgeistes.

Die Geschichte allerdings hat sie eines Besseren belehrt, und einer der dramatischsten Aspekte dieser Geschichte ist das Schicksal des ursprünglichen palästinensischen Volkes. Gegen seinen Willen wurde es das wirkliche Opfer der anti-israelischen Politik der arabischen Welt.

Auch wenn die Zeit der britischen Mandatsregierung durch zunehmende Spannungen gekennzeichnet war, darf man nicht vergessen, dass zumindest in den westlich geprägten Ballungsräumen wie zum Beispiel Tel Aviv Juden und palästinensische Araber relativ friedlich miteinander lebten. Das jüdische Wirtschaftswachstum eröffnete auch den Arabern neue Chancen. Was sie bei jüdischen Arbeitgebern in Palästina verdienen konnten, war in der Regel mehr als in den umliegenden Ländern. Auch Händler und kleine Kaufleute, Juden wie Araber, profitierten von den gegenseitigen Kontakten.

Nach der Unabhängigkeitserklärung war es damit zu Ende. Kurz vor dem Krieg und während der Auseinandersetzungen mit den arabischen Nachbarn flohen etwa 700 000 Palästinenser in die Westbank, in den Libanon, nach Syrien und in andere arabische Länder. Auch wenn die Israelis verständlicherweise Araber aus strategisch bedeutenden Städten und Stellungen vertrieben, gibt es auch Hinweise darauf, dass die jüdische Bevölkerung die Araber zu überzeugen versuchte, ihre Fluchtpläne zurückzustellen. Man kann nicht sagen, dass es eine von der Regierung systematisch organisierte Austreibung gab. Was im Einzelnen geschah, hing von den örtlichen Umständen und Beziehungen ab.

Die arabischen Führer allerdings wussten die (verständliche) Unsicherheit unter der palästinensischen Bevölkerung geschickt auszunutzen. Ohne sie direkt zur Flucht zu ermutigen, hatten sie schon seit langer Zeit in leuchtenden Farben das Bild einer Schreckensherrschaft unter blutrünstigen und plündernden Juden gemalt. Dieses Bild und dazu die Versicherung, dass die arabischen Bruderländer diese Gefahr mit einem einzigen Streich bannen könnten, bewog Hunderttausende, für eine Weile wegzugehen und woanders Zuflucht zu suchen. Nur 150 000 Araber blieben in Israel.

Der Krieg ging offensichtlich nicht so aus, wie es die Araber erwartet hatten. Israel überlebte und schloss wegen des Kriegs für die Flüchtlinge seine Grenzen, weil es fürch-

Die Höhle von Machpela (Hebron), eine traditionelle Begräbnisstätte der Patriarchen, besitzt sowohl für Juden als auch Muslime religiöse Bedeutung, ist jedoch nach dem dortigen Massaker zu einem Zankapfel geworden.

tete, dass mit den Palästinensern zu viele Araber ins Land kämen, die seine Stabilität unterwandern würden. Außerdem sorgte die „freiwillige" – jedenfalls nicht von Israel erzwungene – Ausreise der Araber für böses Blut. Dass man die entvölkerten arabischen Dörfer und Gebiete nutzte, um dort jüdische Einwanderer unterzubringen, bedeutete nur, dass man aus der Not eine Tugend machte, und hatte jedenfalls nichts mit einem zuvor ausgeklügelten und systematisch umgesetzten Plan zu tun. Das tragische Schicksal der Palästinenser, die aus Israel geflohen waren, nur um sich in einer Art Niemandsland wiederzufinden, wurde zur Trumpfkarte der arabischen Propaganda. Indem sie die Palästinenser in den Flüchtlingslagern sitzen ließen und wenig taten, um ihre Situation zu verbessern, wollten die Regierungen der arabischen Staaten erreichen, dass sich in den Köpfen der Weltöffentlichkeit das Bild von der ungerechten und gnadenlosen israelischen Taktik festsetzte. Dieser Plan allerdings traf nicht nur die Israelis, sondern vor allem das palästinensische Volk, die heimatlosen Männer und Frauen, die jahrelang unter armseligen Bedingungen in den Lagern ausharren mussten. Als Faustpfand für den arabischen Kampf gegen Israel saßen sie zwischen allen Stühlen.

In diesem Licht kann man die Frustration der Palästinenser und ihre Sehnsucht nach einem eigenen Staat gewiss begreifen. Was man allerdings nicht akzeptieren kann, ist die Tatsache, dass sich diese Frustration in Gewalttaten und Anschlägen gegen Israel Luft macht – gegen das Land, wo ein großer Teil der Palästinenser heute wieder seinen Lohn verdient.

Das Palästinenserproblem zu lösen wird allen Beteiligten sehr viel Weisheit abverlangen. Es macht Mut, dass in der Zwischenzeit einige arabische Länder genug Realitätssinn aufgebracht haben, um die Existenz Israels anzuerkennen, und begonnen haben, auf eine friedliche Lösung zuzugehen. Keine andere Möglichkeit kommt – auch für die Palästinenser – ernsthaft in Frage, wenn man auf eine bessere Zukunft hofft. Die Verträge zwischen Israel und der PLO, die am 13. September 1993 in Washington unterzeichnet wurden, waren in dieser Hinsicht ein großer Schritt in die richtige Richtung, auch wenn die praktische Umsetzung dieser Pläne heute noch mit enormen Schwierigkeiten verbunden ist.

50 JAHRE ISRAEL: EIN CHRONOLOGISCHER ÜBERBLICK

50 JAHRE ISRAEL

Einführung

Auch wenn man die historische Entwicklung eines Landes niemals mit einer Liste von Fakten und Ereignissen wirklich einfangen kann, ist eine solche Liste doch nützlich, um sich einen Überblick über die großen Zusammenhänge zu verschaffen. Das gilt in besonderem Maß für Israel, denn fünfzig Jahre israelische Geschichte sind auch fünfzig Jahre Weltgeschichte. Was in der zweiten Hälfte des 20. Jahrhunderts im Nahen Osten geschah, bestimmte auch unsere Weltsicht – und umgekehrt. Die nackten Tatsachen ohne weitläufige Interpretation ermöglichen uns, uns etwas zu distanzieren und die Muster hinter den Ereignissen wahrzunehmen.

Der alte Hafen von Jaffa verblasst heutzutage neben den umliegenden modernen Stadtteilen von Tel Aviv.

Welche Muster wir dabei sehen und wie wir sie einordnen, hängt zum Teil davon ab, aus welchem Blickwinkel wir sie sehen. Eine Liste, die nur die Tatsachen enthält, bietet uns diese Freiheit. Wo für den einen die Politik im Nahen Osten vor allem den kalten Krieg und sein Ende widerspiegelt, sieht der andere den Aufstieg des islamischen Fundamentalismus als den bestimmenden Faktor.

Wie auch immer wir aber die Fakten einordnen, auf einer höheren Ebene sehen wir ganz deutlich ein immer wiederkehrendes Muster: dass Gott sein manchmal widerspenstiges Volk führt. Israels Geschichte zeigt dieses Muster als wunderbare Erfüllung einer Verheißung: Ihr sollt mein Volk sein (3. Mose 26,12).

Chronologie

Diese Chronologie bietet die wichtigsten Fakten aus der politischen Geschichte Israels. Den Jahren seit 1990 haben wir dabei am meisten Aufmerksamkeit gewidmet, weil das, was in dieser Zeit geschah, Auswirkungen auf die Situation im heutigen Israel hat. Der Autor ist allein verantwortlich für die Auswahl der Fakten und erhebt nicht den Anspruch, eine vollständige Liste aufgestellt zu haben.

1948

14. Mai: David Ben-Gurion erklärt in Tel Aviv die Unabhängigkeit Israels.

15. Mai: Ägypten, Transjordanien, Syrien und der Libanon greifen Israel an. Sie werden von irakischen und saudi-arabischen Truppen und von 10 000 palästinensischen Arabern unterstützt.

20. Mai: Graf Folk Bernadotte wird von der UN zum Vermittler in diesem Konflikt ernannt, die UN ruft zu einem Waffenstillstand auf, der von Israel angenommen wird, von den arabischen Ländern aber nicht.

25. Mai: Die Altstadt von Jerusalem fällt in die Hände der transjordanischen Armee.

26. Mai: Israel startet eine erfolgreiche Gegenoffensive gegen die arabischen Streitkräfte.

11. Juni: Der erste Waffenstillstand von 28 Tagen wird auf Vorschlag der UN geschlossen; die arabischen Länder gehen darauf ein, nachdem sie auf unerwartet harten Widerstand vonseiten Israels gestoßen sind.

27. Juni: Bernadottes Kompromissvorschlag: eine Union zweier Staaten, eines jüdischen und eines arabischen, von denen keiner vollkommen unabhängig sein würde, ist für Israel und die arabischen Staaten nicht akzeptabel.

1. Juli: Graf Bernadotte lädt die arabischen Staaten und Israel zu Verhandlungen auf Rhodos ein.

9.–18. Juli: Nach dem Ende des Waffenstillstands geht der Konflikt weiter. Israel gewinnt im heutigen Nord- und Mittelisrael an Boden und hält an den anderen Fronten die Stellung. 11. Juli: Lydda wird besetzt; 12. Juli: Südgaliläa wird befreit, Nazareth besetzt; arabische Truppen werden in den Libanon zurückgedrängt; 16.–17. Juli: Der Versuch, die Altstadt von Jerusalem einzunehmen, scheitert.

15. August: Der UN-Sicherheitsrat verlangt mit deutlichen Worten einen Waffenstillstand, die arabischen Staaten nehmen an, ebenso Israel, wenn auch mit großen Bedenken.

17. September: Graf Bernadotte fällt in Jerusalem einem Attentat jüdischer Extremisten, wahrscheinlich Mitgliedern der militärischen Untergrundorganisation *Lechi*, zum Opfer.

15. Oktober: Ein israelischer Konvoi wird auf dem Weg in den Negev trotz des Waffenstillstands von ägyptischen Einheiten angegriffen; Israel antwortet mit der „Operation Zehn Plagen".

15.–20. Oktober: Israel erkämpft sich die Kontrolle über die Straßen in den Negev, erobert Beerscheba und drängt die Ägypter in den Westen zurück. Gleichzeitig wird der gesamte Norden befreit („Operation Hiram").

November – Dezember: Israel festigt seine Stellung im Negev. Sodom wird eingenommen, und Israel schneidet durch eine Offensive auf der Sinai-Halbinsel die ägyptische Armee im Gazastreifen zwischen Al-'Arisch und Rafah vom Hinterland ab.

1949

7. Januar: Auf internationalen Druck wird ein neuer Waffenstillstand vereinbart.

16. Februar: Chaim Weizmann wird zum ersten israelischen Präsidenten gewählt.

24. Februar: Israel und Ägypten unterzeichnen einen Waffenstillstand, der den Weg zu Friedensverhandlungen ebnen soll.

10. März: Die erste reguläre israelische Regierung tritt unter Premierminister David Ben-Gurion ihr Amt an.

Junge Araber tragen einen Sarg zu der Al-Aksa-Moschee auf dem Tempelberg in Jerusalem.

23. März: Waffenstillstand mit dem Libanon unterzeichnet.

3. April: Waffenstillstand mit Transjordanien unterzeichnet.

11. Mai: Israel wird Mitglied der Vereinten Nationen.

20. Juli: Waffenstillstand mit Syrien unterzeichnet.

17. August: Die sterblichen Überreste Theodor Herzls werden nach Israel überführt und auf einem Hügel nahe bei Jerusalem bestattet, der in Herzlberg umbenannt wird.

13. Dezember: Das israelische Parlament zieht von Tel Aviv nach Jerusalem um und reagiert damit auf die UN-Pläne vom 9. Dezember, Jerusalem zu internationalisieren.

1950

1. Januar: Die israelische Regierung erklärt Jerusalem zur Hauptstadt Israels.

24. April: Jordanien annektiert das Westufer des Jordan (Westjordanland) und die Altstadt Jerusalems als Teil des neuen haschemitischen Königreichs Jordanien.

25. Mai: Die Vereinigten Staaten, Frankreich und England unterzeichnen ein Abkommen, in dem sie ihre Absicht zum Ausdruck bringen, eine Änderung der Demarkationslinien im Nahen Osten nicht zuzulassen und das Gleichgewicht der militärischen Kräfte zu garantieren.

5. Juli: Das Heimkehrergesetz wird von der Knesset verabschiedet.

November: Spannungen zwischen Israel und Jordanien. Jordanien blockiert die Straße nach Elat und lässt Propaganda-Agenten nach Jerusalem eindringen, wo sie drei Morde begehen.

1951

Februar: Der Konflikt mit Jordanien um die Straße nach Elat und die Geheimagenten in Israel ist beigelegt. Geheime Friedensgespräche mit König Abdullah. Das israelische Kabinett stürzt über eine Kontroverse in der Frage nach der religiösen Erziehung in den Übergangslagern für Einwanderer (*Ma'aborot*).

20. Juli: König Abdullah von Jordanien fällt in der Al-Aqsa-Moschee in Jerusalem dem Attentat eines islamischen Extremisten zum Opfer.

1. September: Ägypten wird vom Sicherheitsrat der Vereinten Nationen verurteilt, weil es israelische Schiffe nicht den Suez-Kanal passieren ließ.

16. Oktober: Ägypten kündigt einen Vertrag mit England von

Blick über die Wüste Negev von Sede-Boquer aus, David Ben-Gurions Zuhause nach Niederlegung seines Amtes.

1936, der die Stationierung britischer Einheiten im Gebiet um den Suezkanal regelte; England entsendet Einheiten und Kriegsschiffe in die Region.

1952

23. Juli: Staatsstreich in Ägypten durch Offiziere unter der Führung von Generalmajor Muhammad Naguib. König Faruk wird gestürzt.

11. August: Abdullahs Enkel Hussein wird mit 16 Jahren König von Jordanien (Krönung am 2. Mai 1953).

9. November: Chaim Weizmann, erster Präsident Israels, stirbt.

8. Dezember: Itzhak Ben-Zvi wird zum Präsidenten gewählt.

1953

26. März: Die Straße zwischen Beerscheba und Sodom im Negev wird dem Verkehr übergeben.

15. August: Gesetzesbeschluss zur Einrichtung von Jad Vaschem, der offiziellen Gedenkstätte des Holocaust auf dem Herzlberg bei Jerusalem.

September: Auf syrischen Protest hin kommt der geplante Bau einer Wasserleitung in der entmilitarisierten Zone nahe der Grenze zum Erliegen. Das Projekt sollte es ermöglichen, Wasser vom Jordan in den Negev zu transportieren.

7. Dezember: Ben-Gurion zieht sich aus der Politik zurück und lässt sich in Sede-Boqer, einem *Kibbuz* im Negev nieder.

1954

26. Januar: Mosche Scharett tritt die Nachfolge David Ben-Gurions als Premierminister an.

29. März: Das russische Veto verhindert die UN-Resolution, die Ägypten zwingen sollte, die Blockade des Suez-Kanals aufzuheben.

18. April: Nasser wird nach Naguib ägyptischer Premierminister.

Sommer: Der englisch-ägyptische Vertrag zum Gebiet um den Suez-Kanal: Die englischen Einheiten sollen innerhalb von 20 Monaten das Gebiet verlassen, Ägypten garantiert freie Durchfahrt. Im Kriegsfall können die Engländer die Zone erneut besetzen.

14. November: Nasser wird Präsident von Ägypten, bleibt aber außerdem Premierminister.

1955

21. Februar: David Ben-Gurion kehrt als Verteidigungsminister in die Politik zurück.

28. Februar: Gefecht zwischen israelischen und ägyptischen Einheiten bei Gaza. Die Spannungen zwischen Israel und Ägypten verschärfen sich wegen Angriffen der *fedajin*, arabischer (besonders palästinensischer) Propaganda-Agenten unter ägyptischem Befehl.

19. Juli: Eröffnung der Jarkon-Negev-Pipeline. Mehr als 10 000 Hektar Land im nordwestlichen Negev können damit bewässert werden.

26. August: Die USA schlagen eine Änderung der Grenzlinien vor, um den israelisch-arabischen Konflikt beizulegen.

3. November: David Ben-Gurion wird wieder israelischer Premierminister.

9. November: Im Einklang mit den amerikanischen Vorschlägen vom 26. August regt der britischen Außenminister Eden neue Grenzen an, die einen Kompromiss zwischen dem UN-Teilungsplan von 1947 und den aktuellen israelischen Grenzen darstellen.

15. November: Israel und Ägypten lehnen Edens Vorschlag ab.

1956

13. Februar: Die Sowjetunion warnt, dass sie das einseitige Vorgehen der westlichen Staaten im Nahen Osten nicht tolerieren werde.

21. April: Ägypten, Saudi-Arabien und der Jemen bilden eine militärische Allianz mit gemeinsamem Oberkommando.

Ende April: Artilleriegefechte im Gazastreifen. Die *fedajin* verstärken ihre Aktivitäten und operieren nun auch von jordanischem Territorium aus.

Juni: Golda Meir tritt die Nachfolge von Mosche Scharett als Verteidigungsministerin an.

7. Juli: Ägypten entzieht den Suez-Kanal der internationalen Kontrolle, nachdem sich die USA geweigert haben, das Assuan-Staudamm-Projekt zu finanzieren.

Juli: Zwischenfälle an den Grenzen zu Jordanien und Ägypten häufen sich.

13. Oktober: Der UN-Sicherheitsrat verlangt freie Durchfahrt durch den Suez-Kanal, doch Ägypten weigert sich, israelische Schiffe passieren zu lassen.

29. Oktober: Nach geheimen Gesprächen mit Frankreich eröffnet Israel den Sinaifeldzug unter Führung von Mosche Dayan, um in diesem Gebiet die ägyptischen Militärbasen zu beseitigen und die *fedajin* zu vertreiben. Französische und englische Fallschirmjäger landen in der Kanalzone; 30. Oktober: Frankreich und England stellen ein Ultimatum, in dem sie von Israel und Ägypten verlangen, das Feuer einzustellen. Ägypten weist das Ultimatum zurück, die Schlacht geht weiter; 31. Oktober: Ägypten wird von Frankreich und England bombardiert; 2.–5. November: israelische Einheiten stoßen zum Suez-Kanal vor und erobern die ganze Sinai-Halbinsel; 5. November: Scharm el-Sheich wird besetzt, der eigentliche Sinai-Krieg ist damit beendet.

7. November: Israel erklärt sich bereit, seine Einheiten abzuziehen, wenn die Vereinten Nationen für die Sicherheit des Landes garantieren.

3. Dezember: Frankreich und England beschließen, ihre Einheiten abzuziehen.

1957

7.–8. März: Die letzten israelischen Einheiten werden vom Gazastreifen und vom

Gebiet um Scharm el-Sheich am Golf von Akaba abgezogen. Die USA und die UN garantieren freie Durchfahrt durch die Meerenge von Tiran.

März: Die Eisenhower-Doktrin (ein außenpolitisches Programm gegen den internationalen Kommunismus) führt zu einer aktiveren Rolle der USA im Nahen Osten.

2. April: UN-Truppen besitzen nun die Kontrolle über den Suez-Kanal; UN-Einheiten werden an der israelisch-ägyptischen Grenze, im Gazastreifen und in Scharm el-Sheich stationiert.

8. April: Der Suez-Kanal wird wieder geöffnet. Die Durchfahrtgebühren gehen an Ägypten.

1958

16. Januar: Die Straße durch die Negev-Wüste zwischen Beerscheba und Elat wird für den Verkehr freigegeben.

8. Mai: Einsetzung des Oberrabbinats in Jerusalem.

9. Mai: Widerstand gegen den Präsidenten Camille Chamoun führt zum ersten Bürgerkrieg im Libanon.

15. Juli: Amerikanisch-britische Intervention im Libanon auf Verlangen Jordaniens und anderer Länder.

Herbst: Größere Zwischenfälle an der israelisch-syrischen Grenze; die israelische Beschwerde vor den Vereinten Nationen wird kaum zur Kenntnis genommen.

1959

Juli: Unruhen in einigen israelischen Städten (Haifa, Beerscheba), mit denen jüdische Einwanderer aus Nordafrika und den arabischen Staaten ihrer Unzufriedenheit Ausdruck verleihen.

1960

23. Mai: Die Verhaftung des Kriegsverbrechers Adolf Eichmann wird öffentlich bekannt gegeben.

August: Die Konferenz der arabischen Staaten spricht sich ganz offen für einen unabhängigen palästinensischen Staat aus und macht Israel für die Unruhen in der Region verantwortlich.

1961

21. März: Am Afro-Asiatischen Institut in Tel Aviv erhalten 64 Studenten aus 24 (Entwicklungs-) Ländern ihr Diplom. Sie haben als erster Jahrgang das Studium abgeschlossen.

30. Juli: Der einmillionste Einwanderer seit der Unabhängigkeit Israels trifft im Land ein.

15. Dezember: Adolf Eichmann wird zum Tod durch den Strang verurteilt.

1962

21. Mai: Israel und Äthiopien nehmen volle diplomatische Beziehungen auf.

31. Mai: Adolf Eichmann wird gehenkt.

30. Oktober: Itzhak Ben-Zvi wird als Präsident wiedergewählt. Es ist seine dritte Amtsperiode.

21. November: Einweihung der neu erbauten Stadt Arad im Negev.

1963

23. April: Itzhak Ben-Zvi stirbt.

21. Mai: Zalman Schazar wird zum dritten Präsidenten Israels gewählt.

16. Juni: David Ben-Gurion dankt endgültig als israelischer Premierminister ab.

David Ben-Gurion und Oberst Chaim Herzog an der Klagemauer (Juli 1967).

26. Juni: Levi Eschkol wird Premierminister.

2. Dezember: Den Drusen in Israel wird religiöse Autonomie zugestanden.

1964

6. April: Die israelische Bank stellt ein Hilfsprogramm für Entwicklungsländer vor.

Mai: Gründung der Palästinensischen Befreiungsorganisation (PLO), die erste PLO-Charta wird veröffentlicht.

4. Juni: Israel und die EWG schließen ein Handelsabkommen.

1965

12. Mai: Israel und Westdeutschland nehmen volle diplomatische Beziehungen auf.

7. Juli: Der ehemalige Premierminister Mosche Scharett stirbt.

21. November: Im neuen Hafen von Aschdod macht das erste Schiff fest.

1966

Das ganze Jahr über: Die PLO gewinnt immer mehr Sympathisanten unter den Flüchtlingen in den palästinensischen Lagern. Jordanien entschließt sich, der PLO die Unterstützung zeitweilig zu entziehen.

12. Januar: Premierminister Levi Eschkol stellt das neue Kabinett vor.

4. Juli: Israel ruft die UN an, um gegen die syrischen Agressionen im Grenzgebiet vorzugehen.

30. August: Die neuen Parlamentsgebäude in Jerusalem werden eröffnet.

14. Oktober: Die Angelegenheit der syrischen Aggression wird vor den Sicherheitsrat gebracht, führt aber zu keinem Ergebnis.

16. November: Der Sicherheitsrat verurteilt israelische Maßnahmen gegen Jordanien.

1967

23. Mai: Nasser schließt die Meerenge von Tiran für israelische Schiffe.

30. Mai: Jordanien schließt mit Ägypten einen gegen Israel gerichteten Vertrag und stellt seine Einheiten unter gemeinsames Kommando.

2. Juni: Irakische und saudiarabische Einheiten werden in Jordanien stationiert.

4. Juni: Irak und Ägypten schließen einen gegen Israel gerichteten Vertrag.

5. Juni: Beginn des Sechstagekriegs; Ägypten bombardiert israelische Dörfer entlang der Grenze; ein Präventivschlag der israelischen Luftwaffe vernichtet die ägyptische und jordanische Luftwaffe; aufgrund einer gezielten Fehlinformation seitens der Ägypter greift Jordanien an, obwohl Israel zugesichert hatte, dass Jordanien nicht in den Konflikt verwickelt würde, wenn es sich neutral verhielte; auch Syrien beteiligt sich nun an den Angriffen;
6. Juni: Die israelischen Streitkräfte unter dem Kommando von Yitzhak Rabin marschieren auf der Sinai-Halbinsel ein und nehmen den Gazastreifen ein;
7. Juni: Israel nimmt die Altstadt von Jerusalem ein und drängt die jordanischen Einheiten vom Westufer des Jordan (Westbank) zurück;
8. Juni: Die israelische Armee bezieht Stellung beim Suez-Kanal; Waffenstillstand mit Jordanien und Ägypten;
9.–10. Juni: Israel erobert die Golan-Höhen aus den Händen der Syrer; Ende des Sechstagekriegs.

29. Juni: Der UN-Sicherheitsrat fordert eine Lösung der Nahostfrage und den Rückzug aller Streitkräfte (Resolution 242).

1968

10. April: Der ägyptische Präsident Nasser kündigt an, den Krieg gegen Israel fortzusetzen.

2. Mai: Der 20. Jahrestag der Unabhängigkeit wird gefeiert.

21. Mai: Der UN-Sicherheitsrat erklärt mit einer Resolution den neuen Status von Jerusalem für ungültig; Israel weist die Resolution zurück.

1.–17. Juni: Der Nationalkongress der PLO in Kairo veröffentlicht eine Neufassung der Palästinensischen Charta, die eine Zusammenstellung ihrer Prinzipien darstellt. Danach ist Palästina das unteilbare Vaterland der Palästinenser, und nur Juden, die bereits vor der „zionistischen Invasion" in Palästina lebten, werden als Palästinenser betrachtet. Aufruf zum bewaffneten Kampf gegen Israel.

8. Oktober: Der israelische UN-Abgesandte Abba Eban stellt der UN-Vollversammlung einen Friedensplan mit neun Punkten vor.

20. Oktober: Ägypten lehnt den israelischen Plan ab.

21. November: Ein Gemüsemarkt in Jerusalem wird angegriffen. Der Übergriff fordert 11 Tote und 55 Verletzte.

26. Dezember: Ein Flugzeug der israelischen El Al wird auf dem Athener Flugplatz von Terroristen aus Beirut angegriffen, ein Todesopfer.

28. Dezember: Israelischer Vergeltungsschlag: 13 Flugzeuge der libanesischen Handelsflotte werden auf dem internationalen Flughafen Beirut zerstört, keine Toten.

1969

7. Januar: Als Reaktion auf den Vergeltungsschlag auf dem Flughafen Beirut (28. Dezember 1968) verkündet Frankreich ein Waffenembargo gegen Israel.

26. Februar: Premierminister Levi Eschkol stirbt an einem Herzinfarkt.

17. März: Golda Meir wird israelische Premierministerin.

8. April: Die erste formelle Zusammenkunft der UN-Abgesandten der USA, Englands, Frankreichs und der UdSSR zur Nahostfrage. Sie gehen bei ihrem Gespräch vom der UN-Resolution 242 vom 22. November 1967 aus.

30. April: Israelische Kommandoeinheiten stoßen tief nach Ägypten vor und sprengen Brücken, um damit den vielfachen Bruch des Waffenstillstands zu vergelten.

Ein erbeuteter Panzer in Israel (1972).

23. Juli: Der ägyptische Präsident Nasser kündigt einen Zermürbungskrieg an, eine kontinuierliche Serie von kleinen Angriffen und Scharmützeln im Gebiet um den Suez-Kanal.

29. August: Der australische Tourist Dennis Rohan versucht die Al-Aqsa-Moschee in Brand zu stecken, die arabische Propaganda schiebt Israel die Schuld zu.

9. September: Israelische Einheiten überqueren den Suez-Kanal.

Dezember: Israel weist einen amerikanischen Vorschlag zu Friedensverhandlungen mit Ägypten und Jordanien zurück, weil er hauptsächlich auf den Grenzen von vor 1967 basiert.

1970

18. April: In einer Konfrontation zwischen israelischen und ägyptischen Kampfflugzeugen stellt sich heraus, dass letztere mit Russen bemannt sind. Israel verzichtet darauf, tief in den ägyptischen Luftraum vorzudringen, um einen Konflikt mit der Sowjetunion zu vermeiden.

19. Juni: Der amerikanische Außenminister Rogers schlägt Gespräche zwischen Israel, Jordanien und Ägypten auf der Basis der UN-Resolution 242 vom 22. November 1967 vor.

4. August: Israel nimmt die amerikanische Einladung zu Friedensgesprächen an, unter der Bedingung, dass man auf einen verbindlichen Friedensvertrag hinarbeitet.

7. August: Durch amerikanische Vermittlung kommt ein Waffenstillstand zustande und macht dem Zermürbungskrieg Ägyptens gegen Israel ein Ende.

25. August: Unter Führung des UN-Sonderbotschafters Gunnar Jarring beginnen in New York die Friedensgespräche zwischen Israel, Jordanien und Ägypten; am 6. September zieht sich Israel zurück, weil die Ägypter die Bedingungen nicht einhalten: In der Suez-Kanal-Zone wurden neue Raketen stationiert.

September: Schwere Gefechte zwischen der jordanischen Armee und der Palästinensischen Befreiungsorganisation („Schwarzer September"); Irak und Syrien unterstützen die Palästinenser; Nasser erreicht einen Waffenstillstand zwischen Jordanien und der PLO.

28. September: Der ägyptische Präsident Nasser stirbt. Nachfolger wird Anwar el-Sadat; die ägyptische Haltung gegenüber den Friedensgesprächen ändert sich nicht.

29. Dezember: Israel erklärt sich bereit, zu den Friedensgesprächen zurückzukehren, nachdem die USA garantiert haben, das Gleichgewicht der Kräfte gegen Ägypten aufrechtzuerhalten.

8. Februar: Vermittler Jarring fordert Israel auf, seine Einheiten bedingungslos in das Gebiet der Grenzen von vor 1967 zurückzuziehen; Israel weigert sich. Das Hindernis kann nicht aus dem Weg geräumt werden, und die Friedensgespräche ziehen sich bis 1973 ohne Ergebnis hin.

Juli: Die jordanische Armee setzt dem Aufenthalt bewaffneter Palästinenser in Jordanien ein Ende. Die Palästinenser flüchten nach Syrien und Libanon.

1972

25.–28. Februar: Israelischer Angriff im Südlibanon gegen Stellungen der Palästinenser.

5. September: Bei den Olympischen Spielen in München fallen 11 israelische Sportler einem terroristischen Anschlag zum Opfer. Im Gegenzug kommt es am 8. September zu israelischen Luftangriffen auf terroristische Stellungen in Syrien und im Libanon. Die Verurteilung Israels durch den UN-Sicherheitsrat (10. September) scheitert am US-amerikanischen Veto.

1973

21. Februar: Ein libysches Zivilflugzeug überfliegt militärische Anlagen auf der Sinai-Halbinsel. Da es nicht auf die Aufforderung zu landen reagiert, wird es von der israelischen Luftwaffe abgeschossen; 100 Tote.

14. März: Die israelische Regierung stimmt der Einrichtung einer arabischen Universität auf dem besetzten Westufer des Jordan zu.

10. April: Israelischer Angriff auf terroristische Stellungen in Beirut und Sidon.

24. Mai: Ephraim Katz wird als vierter Präsident Israels vereidigt.

Mai: Ägyptische und syrische Truppenbewegungen sorgen in Israel für Unruhe und führen zu Spannungen.

13. September: Bei einem Luftgefecht über dem Mittelmeer schießt die israelische Luftwaffe 13 syrische MIGs ab.

6. Oktober – 11. November: Jom-Kippur-Krieg. Ägypten und Syrien führen einen erfolgreichen Überraschungsangriff auf Israel. Die Sowjetunion droht zu intervenieren, und die USA versetzen ihre Truppen in Alarmbereitschaft;
8. Oktober: Israel geht zum Gegenangriff über. Schwere Verluste an der ägyptischen Front, im Norden werden die Syrer aber zurückgedrängt;
10.–11. Oktober: Die Syrer müssen sich von den Golan-Höhen zurückziehen. Die israelische Armee marschiert auf Damaskus zu;
14. Oktober: Eine erneute ägyptische Offensive wird zurückgeschlagen, Hunderte ägyptischer Panzer werden zerstört;
15.–16. Oktober: Israel beginnt die Gegenoffensive. Die Soldaten werden mit dem Flugzeug eingeflogen, überqueren den Suez-Kanal und schlagen ihr Lager keine 100 km von Kairo entfernt auf;
22. Oktober: Der amerikanische Außenminister Henry Kissinger trifft in Israel ein. Der UN-Sicherheitsrat ruft zu einem Waffenstillstand auf, den Israel unverzüglich annimmt;
11. November: Israel und Ägypten schließen einen Waffenstillstand.

29. November: David Ben-Gurion stirbt im *Kibbuz* Sde-Boqer im Negev.

Premierminister Rabin bespricht Bauarbeiten im Jüdischen Viertel der Jerusalemer Altstadt mit Bürgermeister Teddy Kollek (1974).

21. Dezember: Beginn der Nahost-Friedenskonferenz in Genf unter Teilnahme von UN-Beobachtern. Teilnehmer sind Israel, Ägypten, Jordanien, die USA und die Sowjetunion. Syrien boykottiert die Gespräche.

31. Dezember: Der Likud-Block, die von Menachem Begin gegründete Oppositionspartei, kann von den verspäteten Wahlen profitieren, aber die Arbeiterpartei bleibt stärkste Kraft; Golda Meir bildet eine neue Regierung.

1974

17. Januar: Übereinkunft zum Truppenabzug am Suez-Kanal. Am 24. Februar sind die israelischen Truppen vollständig vom Westufer des Suez-Kanals abgezogen.

10. März: Golda Meirs neues Kabinett wird vereidigt.

11. April: Golda Meir tritt nach der Veröffentlichung eines Berichts über den Jom-Kippur-Krieg zurück.

26. April: Yitzhak Rabin, Arbeitsminister in Golda Meirs neuestem Kabinett, wird mit der Regierungsbildung beauftragt.

30. Mai: Durch Vermittlung Henry Kissingers kommt es zwischen Israel und Syrien zu einer Übereinkunft bezüglich der Golan-Höhen.

3. Juni: Yitzhak Rabin stellt eine Koalitionsregierung vor.

25. Juni: Auf den Golan-Höhen wird eine UN-Pufferzone eingerichtet.

26. Oktober: Arabischer Gipfel in Rabat. Die PLO wird als alleinige Vertreterin der palästinensischen Befreiungsbewegungen anerkannt.

13. November: PLO-Führer Yassir Arafat spricht vor der UN-Vollversammlung. Am 22. November wird der PLO Beobachterstatus in der UN verliehen und damit das Recht der Palästinenser auf ein Heimatland anerkannt (25. September).

1975

10. April: Ein aus verschiedenen Ministerien gebildetes Komitee beschließt, den äthiopischen Juden nach dem Heimkehrergesetz die Einwanderung nach Israel zu gestatten.

5. Juni: Nach acht Jahren wird der Suez-Kanal wieder für die Schifffahrt freigegeben.

4. Juli: Bei einem Bombenanschlag auf dem Jerusalemer Zionsplatz kommen 14 Menschen um.

1. September: Dank Kissingers „Pendeldiplomatie" (begonnen am 8. März) finden Ägypten und Israel zu einer Interimsregelung. Israel zieht sich auf der Sinai-Halbinsel noch weiter nach Osten zurück.

10. November: Die Vereinten Nationen verabschieden Resolution 379, die den Zionismus als rassistisch verurteilt, und stellen fest, dass die PLO an der Genfer Konferenz teilnehmen solle.

November: Aktivisten der *Gusch Emunim* – einer radikalen Splittergruppe der Nationalreligiösen Partei (NRP) – errichten eine illegale Siedlung auf der Westbank. Likud und Koalitionspartner NRP unterstützen dieses Vorgehen. Rabin gibt dem Druck nach und erteilt den Siedlern die Genehmigung, sich in einem nahe gelegenen militärischen Stützpunkt niederzulassen. Spannungen innerhalb der Arbeiterpartei und der Koalition sind die Folge.

5. Dezember: Die UN-Generalversammlung verurteilt die israelische Besetzung arabischer Gebiete.

1976

26. Januar: Israel erlaubt Flüchtlingen des libanesischen Bürgerkriegs aus humanitären Gründen, das Land zu betreten.

30. März: Generalstreik der israelischen Araber.

1. Juni: Syrische Einheiten greifen den Libanon an, um dem blutigen Krieg ein Ende zu machen.

27. Juni: Ein Jet der Air France wird in Athen entführt. Die Piloten werden gezwungen, über Libyen nach Uganda zu fliegen. Unter den 258 Passagieren befinden sich 83 Juden. Im Flughafen von Entebbe kommt es zu einem Patt, am 4. Juli befreien israelische Kommandoeinheiten die restlichen Geiseln

Die Al-Aksa-Moschee (Jerusalem). Militante Palästinenser benutzten hier oft die Freitags-Gottesdienste, um Emotionen zu schüren.

(Operation Jonathan, so benannt nach Offizier Jonathan Netanjahu, Benjamin Netanjahus Bruder, der bei diesem Einsatz ums Leben kam).

1. September: Die Knesset verabschiedet eine Resolution, in der Verhandlungen mit der PLO abgelehnt werden.

7. September: Die PLO wird Vollmitglied der Arabischen Liga.

1. Oktober: Moslems und Juden beschuldigen sich gegenseitig der Grabschändung in der Höhle von Machpela, dem Erbbegräbnis Abrahams bei Hebron; am 6. Oktober wird die Höhle zeitweilig geschlossen.

14. Dezember: Regierungskrise in Israel. Spannungen innerhalb des Kabinetts wachsen sich zum offenen Konflikt mit religiösem Hintergrund aus. Eine Lieferung amerikanischer Flugzeuge hatte sich verspätet und führte dazu, dass die Übergabefeierlichkeiten teilweise auf den Sabbat fielen. Die der NRP angehörenden Kabinettsmitglieder treten zurück.

1977

16. März: Der amerikanische Präsident Carter spricht von der Notwendigkeit eines „Heimatlandes" für die Palästinenser.

20. März: Der Palästinensische Nationalrat ratifiziert das PLO-Grundsatzpapier, das sich die Vernichtung des Staates Israel zum Ziel setzt.

17. Mai: Die Knesset-Wahlen werden vorgezogen. Der Likud-Block, angeführt von Menachem Begin, erringt einen Wahlsieg.

21. Juni: Menachem Begin wird Premierminister einer Koalitionsregierung.

26. Juli: Die israelische Regierung erkennt die Gusch Emunim-Siedlungen (Siehe November 1975) im Westjordanland an. Das ist der Beginn einer aggressiveren Siedlungspolitik.

31. Juli: US-Präsident Carter bekräftigt seine Bereitschaft, mit der PLO zu verhandeln, wenn sie die UN-Resolution 242 akzeptiert.

8. August: Premierminister Begin kündigt an, die Christen im Südlibanon zu unterstützen.

1. Oktober: USA und UdSSR bestehen darauf, die PLO an den arabisch-israelischen Friedensgesprächen zu beteiligen. Israel lehnt das ab.

11. Oktober: Das israelische Kabinett stimmt einem abgeänderten „Arbeitsdokument" zu, das als Grundlage für die Fortsetzung der Friedenskonferenz in Genf dient.

6.–8. November: Im Südlibanon abgeschossene Raketen auf Nahariya setzen dem Waffenstillstand, der in dieser Region seit dem 26. September herrschte, ein Ende.

19.–21. November: Anwar el-Sadat besucht Israel. Viele arabische Staaten sprechen sich gegen diesen Besuch aus.

29. November: Ägypten lädt die arabischen Staaten, Israel, die USA und die UdSSR und die Vereinten Nationen zu einer Konferenz nach Kairo ein, um die Entschlüsse für Genf vorzubereiten.

31. Dezember: Ägypten verlangt einen Besiedlungsstopp im Westjordanland und im Gazastreifen.

1978

11. Januar: Beginn der israelisch-ägyptischen Friedensverhandlungen. Nach einem plötzlichen Abbruch der Verhandlungen (21. Januar) erklärt Sadat, dass er zur Wiederaufnahme bereit ist, wenn sich Israel hinter die Grenzen von vor 1967 zurückzieht und das palästinensische Recht auf Selbstbestimmung anerkennt.

15.–21. März: Israelische Militäraktionen im großen Maßstab (Marine, Heer und Luftwaffe) gegen terroristische

Stellungen im Südlibanon;
21. Mai: Vereinbarung über einen Waffenstillstand. Die UN will Friedenstruppen (UNIFIL) im Südlibanon stationieren.

1. April: Die Bewegung „Frieden Jetzt" spricht sich in Israel für das Prinzip „Land gegen Frieden" aus; 25 000 Menschen demonstrieren in Tel Aviv.

19. April: Yitzhak Navon wird zum fünften israelischen Präsidenten gewählt, Vereidigung am 29. Mai.

13. Juni: Der Abzug der israelischen Truppen aus dem Südlibanon ist abgeschlossen.

5.–18. September: Der ägyptische Präsident Sadat, der israelische Premierminister Begin und US-Präsident Carter treffen sich zum Gipfel in Camp David (USA). Am 17. September wird eine Vereinbarung unterzeichnet, die den Weg zu einem dauerhaften Frieden zwischen beiden Ländern ebnet.

Kernpunkte: Israel zieht sich stufenweise von der Sinai-Halbinsel zurück, die Militärherrschaft im Westjordanland und im Gazastreifen wird beendet, und die Palästinafrage soll innerhalb von fünf Jahren endgültig geregelt sein.

25. Oktober: Das israelische Kabinett billigt das Konzept hinter den Friedensverhandlungen.

27. Oktober: Wiederaufnahme der ägyptisch-israelischen Friedensverhandlungen.

2.–5. November: Die Konferenz der arabischen Staaten in Bagdad droht Ägypten mit wirtschaftlichen und politischen Konsequenzen, falls es einen Separatfrieden mit Israel abschließen sollte.

8. Dezember: Die ehemalige Premierministerin Golda Meir stirbt 80-jährig.

10. Dezember: Sadat und Begin nehmen den Friedensnobelpreis entgegen.

1979

21. Februar: Gespräche zwischen dem ägyptischen Premierminister Khalil, dem israelischen Außenminister Dayan und dem US-Außenminister Vance;
26. März: Premierminister Begin und Präsident Sadat unterzeichnen in Washington einen Friedensvertrag, die Arabische Liga ruft zu einem Boykott gegen Ägypten auf.

3. Juni: Das israelische Kabinett stimmt der Errichtung einer neuen Siedlung, Elon Morah bei Nablus, zu. Nach Intervention des Obersten Gerichtshofes werden die Bauarbeiten abgebrochen (20. Juni).

19. September: Das Verbot für Juden, Land im Gazastreifen, im Westjordanland und auf den Golan-Höhen zu kaufen, wird aufgehoben.

14. Oktober: Die Regierung beschließt, die Besiedelung des Westjordanlandes zu fördern, indem öffentliche und nicht-registrierte Flächen zum Verkauf angeboten werden.

21. Oktober: Mosche Dayan tritt als Außenminister zurück, weil er mit der Politik der bevorstehenden Gespräche zur Autonomiefrage im Gazastreifen und im Westjordanland nicht übereinstimmt. Nachfolger wird Yitzhak Schamir.

1980

26. Januar: Die Beziehungen zwischen Israel und Ägypten normalisieren sich; 18. Februar: Israel eröffnet eine Botschaft in Kairo; Ägypten beendet den Wirtschaftsboykott gegen Israel.

28. Februar: Erste Gespräche zwischen Israel, Ägypten und den USA zur Autonomie im Westjordanland und im Gazastreifen.

23. März: Israel stimmt der Errichtung einer Siedlung in Hebron zu.

23. April: Der Europarat verurteilt die israelische Siedlungspolitik und erkennt das Recht der Palästinenser auf Selbstverwaltung an.

2. Mai: Ein Anschlag auf Synagogenbesucher in Hebron: 5 Tote und 17 Verletzte.

9. Mai: Ägypten setzt die Autonomiegespräche aus, nachdem Israel die Bürgermeister von Hebron und Halhul abgesetzt hat (3. Mai).

13. Juli: Die Autonomiegespräche werden in Kairo wieder aufgenommen.

30. Juli: Die israelische Regierung erklärt Jerusalem zur „ewigen und unteilbaren Hauptstadt Israels";
2. August: Der ägyptische Präsident setzt aus Protest wieder einmal die Autonomiegespräche aus.

1981

3. April: Der Bürgerkrieg im Libanon eskaliert. In Beirut liefern sich christliche Milizen und syrische „Friedenstruppen" schwere Gefechte.

7. Juni: Israel zerstört den Osiraq-Reaktor bei Bagdad im Irak. Diese militärische Aktion wird vom UN-Sicherheitsrat einstimmig verurteilt (19. Juni).

12.–14. Juli: Schwere Gefechte im Gebiet zwischen Nordisrael und Südlibanon. Über 30 israelische Dörfer und Städte werden von Raketen getroffen. Israel bombardiert das PLO-Hauptquartier in Beirut und andere Einrichtungen der PLO;
24. Juli: Auf Vermittlung des amerikanischen Schlichters Philip Habib kommt ein Waffenstillstand zustande. Saudi-Arabien übt Druck auf die PLO aus.

23. September: Die ägyptisch-israelischen Autonomiegespräche zum Gazastreifen und der Westbank werden wieder aufgenommen.

6. Oktober: Bei einer Militärparade in Nasser City fällt Präsident Anwar el-Sadat einem Attentat zum Opfer.
Am 13. Oktober wird Hosni Mubarak zu seinem Nachfolger ernannt.

16. Oktober: Der ehemalige General und Minister Mosche Dayan stirbt mit 66 Jahren.

14. Dezember: Israel annektiert die Golan-Höhen, die es im Sechstagekrieg 1967 von Syrien erobert hatte. Amerika schiebt das Abkommen zur strategischen Kooperation auf unbestimmte Zeit auf.

1982

5. Februar: In einer Sondersitzung erklären die Vereinten Nationen die Annexion der Golan-Höhen durch Israel für ungültig.

25. April: Israel schließt den Truppenabzug aus der Sinai-Halbinsel in Übereinstimmung mit dem Friedensvertrag mit Ägypten ab.

29. April: Die Buslinie Tel Aviv – Kairo wird eröffnet.

25. Mai: Die israelische Luftwaffe schießt zwei syrische MIGs dicht bei Beirut ab.

3. Juni: Fehlgeschlagenes Attentat auf den israelischen Botschafter in London.

4. Juni: Israelische Luftangriffe auf verschiedene PLO-Ziele in Beirut.

6. Juni: Der Krieg zwischen Israel und dem Libanon bricht aus. Israelische Einheiten fallen im Südlibanon ein, um das Gebiet von terroristischen Stellungen der Palästinenser zu befreien („Operation Frieden für Galiläa");
7. Juni: Tyrus und Beaufort werden eingenommen;
12. Juni: Israel bietet einen einseitigen Waffenstillstand an;
3. Juli: „Frieden jetzt"-Demonstration in Tel Aviv gegen den Libanonkrieg mit etwa

10 000 Menschen;
4. Juli: Beirut wird isoliert, um die Palästinenser „auszuhungern“;
5. Juli: Waffenstillstand in Beirut;
1. August: Die israelische Armee übernimmt den Flughafen im südwestlichen Teil von Beirut;
12. August: Nach Kritik aus den USA beendet Israel die Bombardierung Beiruts.

19. August: Der Nahost-vermittler Philip Habib stellt einen Plan vor, nach dem sich die PLO aus Beirut zurückziehen soll. Israel stimmt zu.

21. August: Nach dem Eintreffen einer internationalen Militärtruppe verlassen etwa 11 000 PLO-Kämpfer Beirut.

15. September: Israelische Einheiten besetzen Stellungen in Beirut nach dem Mord am pro-israelischen designierten Staatspräsidenten Bashir Gemayel.

16. September: Christliche Milizen richten in den palästinensischen Flüchtlingslagern Sabra und Chatila in der von Israel kontrollierten Region ein Blutbad an;
25. September: Nach dem Massaker demonstrieren etwa 40 000 Menschen in Tel Aviv gegen die Regierungspolitik. Ein Untersuchungsausschuss wird eingesetzt.

28.–30. Dezember: Beginn von libanesisch-israelischen Verhandlungen in Khalde, Libanon, und Qiriat Schemona, Israel.

1983

10. Februar: Das israelische Kabinett akzeptiert die Untersuchungsergebnisse zum Massaker in Beirut mit Ausnahme von Verteidigungsminister Scharon, der daraufhin zurücktritt. Nachfolger wird am 27. Februar Mosche Arens.

22. März: Chaim Herzog wird zum sechsten Präsident von Israel gewählt.

17. Mai: Israel und der Libanon unterzeichnen eine Vereinbarung zum Abzug der israelischen Einheiten.

28. August: Premierminister Menachem Begin kündigt seinen Rückzug an.

15. September: Yitzhak Schamir bildet eine neue Likud-Regierung, die im Großen und Ganzen die gleiche Linie wie die Begins verfolgt.

23. Oktober: Anschlag islamischer Extremisten auf das Hauptquartier der amerikanischen und französischen Friedenstruppen in Beirut; 200 Tote.

4. November: Anschlag auf das israelische militärische Hauptquartier in Tyrus. 60 Todesopfer, darunter 28 Israelis.

6. Dezember: Einem Anschlag auf einen Bus in Jerusalem fallen 6 Menschen zum Opfer, 44 werden verletzt. Die PLO bekennt sich zu dem Anschlag.

1984

4. Januar: Ein israelischer Bombenangriff auf ein terroristisches Ausbildungslager im al-Biqa-Tal im Libanon fordert 100 Todesopfer, 400 Menschen werden verletzt.

5. März: Libanon kündigt Israel offiziell den Vertrag vom 17. Mai 1983.

23. Juli: Nach den vorgezogenen Wahlen in Israel stellt sich heraus, dass weder die Arbeiterpartei noch der Likud-Block zur Regierungsbildung fähig sind.

14. September: Bildung einer neuen Regierung der nationalen Einheit aus Arbeiterpartei und Likud-Block. Die beiden Parteien werden abwechselnd den Premierminister stellen. Schimon Peres von der Arbeiterpartei übernimmt die erste Amtszeit.

25. September: Jordanien nimmt wieder diplomatische Beziehungen zu Israel auf, die nach dem ägyptisch-israelischen Friedensvertrag 1979 abgebrochen worden waren.

8. November: In Nakoura, Libanon, werden die Verhandlungen zwischen Israel und dem Libanon zum israelischen Truppenabzug wieder aufgenommen.

1985

14. Januar: Die israelische Regierung beschließt einen dreistufigen Plan zum Rückzug aus dem Libanon. Die erste Phase soll am 21. Januar beginnen.

10. März: Bei einem Selbstmordanschlag nördlich von Metulla kommen 12 israelische Soldaten ums Leben, 14 werden verletzt.

10. Juni: Ende des libanesisch-israelischen Krieges. Die israelischen Einheiten sind abgezogen, halten aber eine besondere Sicherheitszone im südlichen Libanon aufrecht.

25. September: Auf Zypern werden drei Israelis an Bord einer Jacht umgebracht. Ein israelischer Vergeltungsangriff auf das PLO-Hauptquartier in Tunis wird von den USA und Europa verurteilt (1. Oktober).

7. Oktober: Palästinensische Terroristen bringen das Kreuzfahrtschiff *Achille Lauro* in ihre Gewalt. Die Crew und 70–80 Passagiere werden als Geiseln genommen. Der amerikanisch-jüdische Passagier Leon Klinghoffer wird erschossen.

16.–17. Oktober: Premierminister Peres spricht vor der UN-Generalversammlung und fordert Jordanien auf, sich ohne Vorbedingungen zu Friedensverhandlungen auf der Basis der UN-Resolution 242 und des Camp-David-Abkommens bereit zu erklären.

1986

11. Februar: Der russisch-jüdische Dissident Anatolij Scharansky (33) wird im Austausch gegen sowjetische Spione freigelassen. Nach acht Jahren Haft wandert er nach Israel aus.

27. Februar: Die Vereinigten Staaten liefern John Demjanjuk, den mutmaßlichen „Mörder von Treblinka“, nach Israel aus, damit er dort vor Gericht gestellt werden kann.

11.–12. September: Premierminister Peres und der ägyptische Präsident Mubarak treffen sich erstmals zu Gesprächen in Alexandria. Am 23. September gibt es zum ersten Mal seit vier Jahren wieder einen ägyptischen Botschafter in Tel Aviv.

29. September: Gegen John Demjanjuk wird wegen Kriegsverbrechen in vier Fällen Anklage erhoben.

10. Oktober: Schimon Perez tritt als Premierminister zurück, um Yitzhak Schamir Platz zu machen. Am 14. Oktober wird Schamir vereidigt.

15. November: In der Jerusalemer Altstadt wird Eliahu Amadi von drei arabischen Terroristen ermordet. Es kommt zu Unruhen zwischen Juden und Arabern.

1987

6.–11. April: Als erster israelischer Präsident besucht Chaim Herzog die Bundesrepublik Deutschland.

30. April: Die israelischen Medien berichten von einem Abkommen zwischen Außenminister Peres und König Hussein von Jordanien, in dem es um die Einberufung einer Friedenskonferenz für den Nahen Osten gehen soll. Peres' Ministerialbüro weist das Gerücht zurück;
19. Mai: Peres bricht einen

Besuch in den USA vorzeitig ab, weil seine Vorschläge zu einer internationalen Konferenz politisch für Wirbel sorgen.

10. November: Ein 17-jähriges palästinensisches Mädchen fällt einem gewaltsamen Zusammenstoß Steine werfender palästinensischer Studenten und bewaffneter jüdischer Siedler zum Opfer. Die Spannungen nehmen zu.

25. November: Ein Terrorist dringt mit einem Drachenflieger ins nördliche Israel ein und tötet sechs Soldaten.

9. Dezember: Mit dem Tod eines 17-jährigen Schülers bei Zusammenstößen zwischen Palästinensern und israelischen Soldaten im Gazastreifen erblickt die *Intifada* das Licht der Welt, eine Welle von Gewalt seitens der Palästinenser in den besetzten Gebieten. Die Bewegung wird mit Hilfe von Flugblättern koordiniert. Die Unruhen ziehen sich, manchmal heftiger, manchmal weniger heftig, bis 1993 hin.

14. Dezember: 60 000 Araber aus dem Gazastreifen und der Westbank, die in Israel arbeiten, treten in den Streik.

21. Dezember: Solidaritätsstreiks der Araber in Israel.

1988

3. Januar: 9 Palästinenser werden aus den besetzten Gebieten ausgewiesen.

25. Februar: Der amerikanische Außenminister Schultz versucht die beteiligten Parteien zu überzeugen, zum Gespräch zusammenzukommen. Die palästinensischen Gesprächsführer weigern sich, mit ihm zu reden.

9. März: Das europäische Parlament verurteilt die israelische Politik und ihre Maßnahmen in den besetzten Gebieten.

11. April: Weitere Ausweisungen von Palästinensern aus den besetzten Gebieten durch die Israelis provozieren kritische Reaktionen der USA und der UN.

16. April: Der Mitbegründer der PLO Abu Dschihad wird in seinem Haus in Tunis ermordet.

21. April: Feierlichkeiten zum 40-jährigen Bestehen Israels.

25. April: John Demjanjuk wird verschiedener Kriegsverbrechen für schuldig befunden und zum Tod verurteilt. Er legt Berufung gegen das Urteil ein.

19. Oktober: Bei einem Selbstmordanschlag in Metulla kommen 7 israelische Soldaten um, 8 werden verwundet.

15. November: In Algier kündigt der Palästinensische Nationalrat einen unabhängigen palästinensischen Staat innerhalb der „besetzten Gebiete" mit Jerusalem als Hauptstadt an.

26. November: PLO-Führer Arafat wird die Erlaubnis zum Betreten der USA verweigert. Die UN-Debatte zur Palästinafrage wird nach Genf verlegt.

13. Dezember: Arafats Rede in Genf beinhaltet Formulierungen, die die Existenz des Staates Israel so gut wie anerkennen. Die USA erklären sich bereit, Gespräche mit der PLO aufzunehmen.

20. Dezember: In Israel wird eine Koalitionsregierung der „nationalen Einheit" gebildet, Yitzhak Schamir vom Likud-Block wird Premierminister.

1989

Januar: Der israelische Verteidigungsminister Rabin stellt einen Stufenplan für Frieden mit den Palästinensern vor. Dieser Plan sollte in Teilen den Grundstein zur Friedenskonferenz in Paris legen (30. Oktober 1991).

7. April: Hunderte von Palästinensern werfen Steine vom Tempelberg auf den Platz vor der Klagemauer. 12 Menschen werden verletzt.

13. April: Premierminister Schamir stellt einen Plan für Wahlen in den besetzten Gebieten vor und verhandelt anschließend mit den örtlichen Führern über Autonomieverhandlungen. Auf diese Weise will Schamir direkten Verhandlungen mit der PLO aus dem Weg gehen.

2. Mai: Yassir Arafat gibt bekannt, dass die anti-israelische PLO-Charta „überholt" sei. Israel reagiert mit Skepsis auf die Ankündigung.

14. Mai: Israel stellt einen zweistufigen Friedensplan vor. Nach den Wahlen in den besetzten Gebieten soll eine fünfjährige Übergangszeit der Selbstverwaltung folgen. In dieser Zeit muss über eine dauerhafte Lösung verhandelt werden. Die USA und die israelische Arbeiterpartei billigen diesen Plan.

9. Juni: Die USA legen ihr Veto gegen die UN-Verurteilung der israelischen Siedlungspolitik ein.

4. Juli: Ägypten reicht in Israel eine Liste mit zehn Bedingungen ein, die die Wahlen in den besetzten Gebieten betreffen;
19. August: Israel erklärt sich bereit, die meisten dieser Bedingungen zu diskutieren, mit Ausnahme des Stimmrechts für die arabischen Bewohner Ostjerusalems und des Grundsatzes „Land gegen Frieden".

12. September: Ägypten regt eine palästinensisch-israelische Konferenz zur Vorbereitung der Wahlen im Westjordanland an;
8. Oktober: Der amerikanische Außenminister James Baker stellt einen Plan für Gespräche zwischen Israel und einer palästinensischen Delegation in Kairo vor.

Oktober: Beginn des Massenexodus sowjetischer Juden.

5. November: Israel stimmt Bakers Plan unter der Bedingung zu, dass es keine direkten Verhandlungen mit der PLO gibt; Frankreich hebt das Embargo gegen Israel auf.

30. Dezember: Die Bewegung „Frieden Jetzt" bildet eine Menschenkette rund um die Jerusalemer Altstadt. Die Demonstration führt zu Unruhen und Verhaftungen.

1990

13. März: Premierminister Schamir entlässt Außenminister Peres. Seit dem Antritt der neuen Regierung war es zu Spannungen zwischen dem Likud-Block und der Arbeiterpartei in der Frage des Friedensprozesses gekommen.

15. Mai: Das israelische Kabinett steht vor dem Aus. Schimon Peres wird beauftragt, eine neue Regierung zu bilden (20. März), gibt diesen Auftrag aber am 26. März zurück. Schamir bildet eine Koalitionsregierung mit der Arbeiterpartei.

30. Mai: Palästinensische Terroristen versuchen, mit einem Schiff in Israel zu landen, der Versuch wird vereitelt.
20. Juni: US-Präsident Bush verschiebt den Dialog mit den Palästinensern, weil die PLO den fehlgeschlagenen Anschlag nicht verurteilt.

2. August: Der Irak überfällt Kuwait. Beginn der Golfkrise.
8. August: Der Irak annektiert Kuwait und erklärt Israel sowie den Vereinigten Staaten den Heiligen Krieg *(Dschihad)*;
12. August: Sadam Hussein verknüpft die Lösung der Golfkrise mit dem Rückzug der Israelis aus den besetzten Gebieten;
19. August: Die Vereinigten Staaten bitten Israel, im Konflikt so neutral wie möglich zu bleiben;
30. August: Der Irak droht Israel mit einer Invasion;
7. Oktober: Unter der Bevölkerung werden Gasmasken verteilt, weil man

einen eventuellen Giftgasraketenangriff der Irakis befürchtet.

8. Oktober: Etwa 3 000 Araber werfen Steine vom Tempelberg auf den Platz vor der Westmauer, wo eine große Menge von Juden betet (es ist Sukkot). Polizisten eröffnen das Feuer und töten 21 Araber. Die Vereinten Nationen verurteilen die israelische Reaktion, und der UN-Sicherheitsrat beschließt die Angelegenheit zu untersuchen. Israel lehnt das ab und zieht so noch weitere Kritik auf sich.

24. Oktober: Die besetzten Gebiete werden abgeriegelt, weil es nach dem Vorfall auf dem Tempelberg zu weiteren Unruhen kam; am 27. Oktober werden sie wieder geöffnet.

26. Oktober: Die Vereinten Nationen stellen dem Irak ein Ultimatum: Vor Januar muss er sich aus Kuwait zurückziehen.

Der Tempelberg mit Jerusalemer Altstadt (vom Ölberg aus gesehen).

1991

Januar: Israel rüstet sich für einen möglichen Krieg. Verteilung von Gasmasken, Anweisungen zur Errichtung von Schutzräumen.

16.–19. Januar: Die Spannungen zwischen Israel und Jordanien verschärfen sich. Jordanische Einheiten werden an der Grenze zu Israel zusammengezogen. Jordanien fürchtet nach einem eventuellen irakischen Angriff auf Israel Vergeltungsaktionen.

17. Januar: Beginn der Operation „Wüstensturm", mit der Kuwait von den irakischen Besatzern befreit werden soll. Die Vereinigten Staaten drängen Israel, neutral zu bleiben, während PLO-Führer Arafat pro-irakische Äußerungen macht;
18. Januar: Tel Aviv wird zum ersten Mal von irakischen Scud-Raketen getroffen. Zwischen dem 18. Januar und dem 25. Februar werden 39 Raketen auf Israel abgefeuert. Ein Mensch kommt unmittelbar bei den Angriffen ums Leben, später sind noch zwölf Tote zu beklagen, mehr als 200 Menschen werden verletzt. Der materielle Schaden ist immens: Ungefähr 4 000 Gebäude werden zerstört.

5.–7. Februar: Weit gefächerte israelische Angriffe auf PLO-Stellungen im Libanon.

6. Februar: König Hussein von Jordanien verurteilt die amerikanische Golfpolitik entschieden.

21. Februar: Vereinbarung über einen Waffenstillstand in Kuwait und den Rückzug der irakischen Streitkräfte;
24. Februar: Die alliierten Streitkräfte marschieren in Kuwait ein.

28. Februar: US-Präsident Bush teilt mit, dass der Golfkrieg beendet sei.

6. März: US-Präsident Bush setzt sich für umfassende Friedensverhandlungen für einen „neuen Mittleren Osten" auf der Grundlage der UN-Resolutionen 242 und 338 ein. Hauptpunkte: Anerkennung Israels und der legitimen Rechte der Palästinenser. Die PLO reagiert positiv, doch die Meinung in Israel ist geteilt (die Arbeiterpartei sympathisiert mit dem Prinzip „Land gegen Frieden", das die USA propagieren, der Likud-Block dagegen nicht). Die Regierung hält an ihrem eigenen Friedensplan vom 14. Mai 1989 fest.

31. März: In diesem Monat kommt es wieder verstärkt zu *Intifada*-Aktivitäten: Einem Generalstreik im Westjordanland und im Gazastreifen am 6. März folgen Unruhen in Ramallah, Rafah (9., 28. März), Hebron (27. März); die Bewegungsfreiheit der Palästinenser wird durch Passierscheine eingeschränkt, die für jede Einreise nach Israel erforderlich sind; immer mehr Palästinenser werden ausgewiesen.

21.–23. April: Der Zentralrat der PLO weist amerikanische und israelische Vorschläge zu einer regionalen Nahostkonferenz zurück und spricht sich für eine internationale Konferenz unter UN-Aufsicht aus.

8.–16. Mai: Ein gemeinsamer Versuch der Amerikaner und Russen, einen Durchbruch beim zum Erliegen gekommenen Friedensprozess zu erzielen, bleibt erfolglos.

22. Mai: Der Libanon und Syrien schließen ein „Bruderschaftsabkommen". Israel betrachtet das Abkommen als Annexion des Libanon durch Syrien.

1. Juni: US-Präsident Bush reicht bei Premierminister Schamir und beim syrischen Präsidenten Assad einen schriftlichen Vorschlag für eine Nahost-Friedenskonferenz ein: 1. UN und Europa nehmen als stille Beobachter teil; 2. bilaterale Verhandlungen, aber auch multilaterale Gesprächsrunden; 3. eine gemischt jordanisch-palästinensische Delegation.

18. Juni: Schamir erklärt den Stopp oder die Verlangsamung der Besiedelung für „unmöglich", obwohl die USA in dieser Frage eine andere Meinung haben.

14. Juli: Syrien reagiert positiv auf Bushs Kompromissvorschlag vom 1. Juni und auch Israel signalisiert Zustimmung.

2.–11. Juli: Die libanesische Armee, die versucht, den ganzen Libanon unter ihre Kontrolle zu bringen, wird in heftige Gefechte mit der PLO-Miliz im Südlibanon verwickelt; ab dem 6. Juli geben die PLO-Kämpfer ihre Waffen ab, am 11. Juli ist die Entwaffnung fast vollständig abgeschlossen. Nur die islamische Hisbollah ist im Süden noch als Miliz aktiv.

4. August: Israel stimmt unter Vorbehalt den Grundlinien der Friedenskonferenz zu.

6. September: Trotz gegenteiliger Forderungen der USA will Israel seine Siedlungspolitik nicht aufgeben. Präsident

Bush greift zu wirtschaftlichen Druckmitteln auf Israel.

9. September: Generalstreik in den besetzten Gebieten.

23.–28. September: Der palästinensische Nationalrat äußert sich positiv zu den amerikanisch-russischen Vorschlägen zu einer Friedenskonferenz. Die fundamentalistischen palästinensischen Bewegungen *Hamas* und *Islamischer Dschihad* lehnen die Initiative ab.

16. Oktober: Scheich Achmed Yassin, Gründer der *Hamas* (1978), wird vom israelischen Militärgericht in Gaza zu lebenslanger Haft verurteilt.

23. Oktober: Premierminister Schamir kündigt an, die israelische Delegation bei der Friedenskonferenz selbst anzuführen.

30. Oktober: Eröffnung der Friedenskonferenz in Madrid; Teilnehmer sind Israel, Syrien, der Libanon, Ägypten, die jordanisch-palästinensische Delegation, die Vereinigten Staaten und die Sowjetunion.

4. November: Auf den Golan-Höhen wird eine neue Siedlung eingeweiht.

18.–21. November: Auf einem Kongress der Arbeiterpartei verteidigt Rabin das Prinzip „Land gegen Frieden".

1992

13.–16. Januar: Bei den noch andauernden Gesprächen in Washington machen Israel und die Palästinenser unterschiedliche Lösungsvorschläge zur palästinensischen Selbstverwaltung im Westjordanland und im Gazastreifen.

19. Januar: Die ultra-nationalistischen Parteien Tehiya und Moledet ziehen sich wegen des Friedensprozesses aus der Regierungsarbeit zurück, weil sie Konzessionen in Territorialfragen befürchten;
4. Februar: Premierminister Schamir kündigt vorgezogene Wahlen an.

15. Februar: Nach immer weiteren Zusammenstößen mit islamischen Extremisten fällt Israel in die UN-Zone im Südlibanon ein;
18. Februar: Die Hisbollah schießt Raketen auf die Sicherheitszone und das nördliche Israel ab.

19. Februar: Yitzhak Rabin wird Parteiführer der Arbeiterpartei.

21. Februar: Die israelischen Streitkräfte fallen erneut in die Sicherheitszone im Südlibanon ein.

18. März: Die Knesset verabschiedet ein Gesetz, nach dem der Premierminister direkt vom Volk gewählt wird. Das Gesetz soll nach Ende der nächsten Legislaturperiode in Kraft treten.

19.–22. März: Wegen zunehmender Gewalt durch die *Intifada* schließt Israel die Grenzen zum Gazastreifen. Mehr als 50 000 Palästinenser können nicht zu ihren Arbeitsstellen in Israel gelangen.

27.–30. April: Leichte Fortschritte in den Friedensverhandlungen. Israel unterbreitet einen Plan zur Wahl von Stadträten in den besetzten Gebieten.

23. Juni: Der Likud-Block verliert die israelischen Wahlen.

13. Juli: Yitzhak Rabin wird neuer Premierminister einer Koalitionsregierung aus Arbeiterpartei, der linken Meretz und der ultra-orthodoxen Schas-Partei. Kernpunkte des Regierungsprogramms: Vorantreiben des Friedensprozesses; Einfrieren des Besiedlungsprogramms; Verbesserung der Beziehungen zu den USA.

16.–23. Juli: Alle noch nicht unterzeichneten Verträge zum Bau von Siedlungen in den besetzten Gebieten werden zurückgezogen;
8. August: Demonstration in Jerusalem gegen die Wende in der Politik, unter den Rednern ist auch Benjamin Netanjahu.

Die Friedensnobelpreisträger in Oslo 1994; *oben:* israelischer Premierminister Yitzhak Rabin; *mitte:* israelischer Außenminister Shimon Peres; *unten:* PLO-Vorsitzender Jasir Arafat.

September: Beginn der schweren Gefechte zwischen der Hisbollah und israelischen Sicherheitstruppen im Südlibanon. Die Feindseligkeiten dauern bis zum November an.

2. Dezember: Das israelische Kontaktverbot mit der PLO (1986) wird aufgehoben.

16. Dezember: Israel weist 400 Palästinenser in den Libanon aus, um gegen die Unterstützung durch die Hamas und die zunehmende Aktivität der *Intifada* anzugehen;
19.–20. Dezember: Die Ausweisungen führen zu Unruhen im Gazastreifen und im Westjordanland. Die Palästinenser boykottieren aus Protest die Friedensverhandlungen.

Premierminister Yitzhak Rabin und König Hussein von Jordanien beraten sich am See Genezareth, nachdem sie den israelisch-jordanischen Friedensvertrag unterzeichnet haben (1994).

1993

21. Januar: PLO-Führer Arafat fordert ein Treffen mit Premierminister Rabin.

Januar: Auch in Israel wächst der Widerstand gegen die zunehmende Ausweisung von Palästinensern;
1. Februar: Die Regierung legt einen Kompromissvorschlag vor.

16. Februar: Die PLO will bei den Friedensgesprächen noch nicht kooperieren, obwohl sich die arabischen Staaten, nachdem die Israelis einen Kompromissvorschlag zur Rückkehr der Ausgewiesenen unterbreitet hatten, zur Teilnahme bereit erklärt haben.

24. März: Benjamin Netanjahu wird zum Parteiführer des Likud-Blocks gewählt; Ezer Weizmann, ein Enkel Chaim Weizmanns, wird zum siebten israelischen Präsidenten gewählt.

11. April: Nach Monaten immer heftigerer Ausschreitungen im Westjordanland und im Gazastreifen schließt Israel diese Gebiete auf unbestimmte Zeit.

27. April: Nach langer Pause werden in Washington die Friedensgespräche mit der PLO wieder aufgenommen. Die Gespräche dauern bis zum 13. Mai und führen zu keinem Ergebnis.

25.–31. Juli: Israel führt die Operation „Verantwortung“ aus, die größte militärische Operation im Südlibanon seit der Invasion 1982.

29. Juli: John Demjanjuk wird vom Obersten Israelischen Gerichtshof freigesprochen, weil die gegen ihn vorgebrachten Beweise nicht eindeutig sind.

15. August: Vereinbarung über die Rückkehr der ausgewiesenen Palästinenser.

30. August: Überraschende Mitteilung, dass Israel und die PLO auf Initiative der norwegischen Regierung in geheimen Gesprächen eine Übereinkunft erzielt haben. Die Verhandlungen fanden in Norwegen, Tunesien und an anderen Orten statt.

10. September: Israel und die PLO erkennen sich gegenseitig an.

13. September: Premierminister Rabin und PLO-Führer Arafat unterzeichnen in Washington ein Abkommen (Oslo I oder Prinzipienerklärung) und reichen sich die Hand. Kernpunkte: 1.) Gazastreifen und Jericho im Westjordanland sollen vollständig unter palästinensischer Verwaltung stehen; 2.) Für die restliche Westbank gilt beschränkte palästinensische Selbstverwaltung; 3.) Diese Interimsregelung soll höchstens fünf Jahre in Kraft bleiben, danach wird es Verhandlungen zu einer endgültigen Lösung für diese Gebiete geben.

23. September: Die Knesset billigt die Prinzipienerklärung. Die öffentliche Meinung in Israel ist geteilt, Befürworter und Gegner veranstalten Demonstrationen. Die Hamas und andere palästinensische Organisationen lehnen das Abkommen entschieden ab. Im arabischen Lager sind die Meinungen geteilt.

13. Oktober: Beginn der Gespräche zur Ausführung der einzelnen Punkte des Abkommens.

19.–22. Oktober: Als Zeichen des guten Willens erklärt sich Israel bereit, palästinensische Gefangene nach und nach freizulassen.

Oktober/November: Die Unruhen im Gazastreifen und im Westjordanland eskalieren.

2. November: Der Likud-Block gewinnt die israelischen Lokalwahlen in den meisten Städten einschließlich Jerusalems. Teddy Kollek, seit 1965 Bürgermeister von Jerusalem, muss Ehud Olmert Platz machen, der eine aggressive Siedlungspolitik verficht.

27. November: Die Verhandlungen über den israelischen Rückzug aus dem Gazastreifen und aus Jericho stagnieren. Die Streitpunkte: 1.) Grenzüberwachung zwischen den Gebieten Jordanien und Ägypten; 2.) die genaue Lage der Grenzen um Jericho; 3.) die Sicherheit der jüdischen Siedler.

Dezember: Zwischen der *Hamas* und jüdischen Siedlern kommt es immer wieder zu Zusammenstößen, trotz der Vereinbarung mit den Führern der Fatah in Gaza (30. November), die die Gewalt abbauen sollte.

Juden, die sich an der Jerusalemer Klagemauer versammeln.

1994

16. Januar: Der syrische Präsident Assad deutet die Möglichkeit an, die Beziehungen zu Israel zu normalisieren, wenn es sich von den Golan-Höhen zurückziehe;
18. Januar: Rabin teilt mit, dass Israel im Gegenzug vielleicht bereit wäre, einen schmerzlichen Preis für den Frieden mit Syrien zu bezahlen und deutet damit an, dass ein Rückzug von den Golan-Höhen nicht mehr undenkbar ist.

26. Januar: Der jordanische König Hussein ist bereit, sich mit Premierminister Rabin zu treffen.

7. Februar: Bei einem Anschlag der Hisbollah werden vier israelische Soldaten getötet; die Feindseligkeiten im Südlibanon dauern an.

9. Februar: Premierminister Rabin und PLO-Führer Arafat erzielen einen Durchbruch bei den Sicherheitsfragen und unterzeichnen ein Abkommen zu diesem Teilbereich.

23. Februar: Die Gespräche in Kairo haben zu einem Ergebnis geführt. Israel und die Palästinenser erreichen eine Übereinkunft in der Frage der Stationierung einer palästinensischen Polizeitruppe.

25. Februar: Ein amerikanisch-jüdischer Arzt, Baruch Goldstein, richtet in der al-Ibrahimi-Moschee in Hebron ein Blutbad an. 29 der betenden Moslems kommen dabei ums Leben. Die Tat wird von Israel scharf verurteilt.

26. Februar: Der Anschlag in Hebron ruft erneute Gewaltausbrüche im Gazastreifen und im Westjordanland hervor. Israel schließt die Grenzen zu beiden Gebieten auf unbestimmte Zeit. Auch die israelischen Araber revoltieren: Unruhen in Jaffa und im Negev; die PLO bricht die Friedensverhandlungen ab.

31. März: PLO und Israel unterzeichnen in Kairo ein Abkommen zu Sicherheitsmaßnahmen. Danach werden die Verhandlungen wieder aufgenommen.

6. und 13. April: Die Hamas begeht Selbstmordanschläge als Vergeltung für das Massaker in Hebron. Israel riegelt erneut die besetzten Gebiete ab.

4. Mai: Premierminister Rabin und PLO-Führer Arafat unterzeichnen in Kairo eine Vorvereinbarung zur palästinensischen Selbstverwaltung im Gazastreifen und in Jericho; *Hamas* und Syrien lehnen die Vereinbarung ab.

13. Mai: Der Rückzug der israelischen Truppen aus der Gegend um Jericho ist abgeschlossen. Die Verantwortung geht in die Hände der palästinensischen Polizei über.

18. Mai: Premierminister Rabin, Außenminister Peres und PLO-Führer Arafat erzielen nach Verhandlungen in Oslo eine Übereinkunft in der Frage der palästinensischen Selbstverwaltung im Westjordanland.

20. Mai: Nach einem Anschlag in Israel kehrt eine Reihe von *Hamas*-Kämpfern in die von den Palästinensern selbst verwalteten Gebiete zurück. Die palästinensischen Behörden versprechen, die „nötigen Maßnahmen" zu ergreifen. Israel schließt die Grenzen zu den palästinensischen Gebieten neun Tage lang.

26.–28. Mai: Erste Zusammenkunft der Palästinensischen Autonomiebehörde (PA).

2. Juni: Mindestens 26 Hisbollah-Kämpfer werden bei einem israelischen Angriff auf ein Trainingscamp dieser Organisation im Libanon getötet.

7. Juni: Israel und Jordanien unterzeichnen in Washington ein Abkommen zu bilateralen Friedensgesprächen. Syrien reagiert mit gemischten Gefühlen. Die syrisch-israelischen Annäherungsversuche waren nach dem israelischen Angriff auf das Hisbollah-Camp zum Stillstand gekommen.

28. Juni: Abwechselnd in Gaza und Jerusalem finden Gespräche zur Ausweitung der palästinensischen Autonomie statt.

5. Juli: Arafat hält sich in Jericho auf, um die PA zu vereidigen.

8. August: Der erste neu errichtete Grenzübergang zwischen Jordanien und Israel wird im ha-„Arava-Tal 3 km nördlich von al-„Aqaba eröffnet.

29. August: Israel und die Palästinenser unterzeichnen in Erez ein Abkommen zu den erweiterten Machtbefugnissen der PA.

8. September: Premierminister Rabin unterbreitet Vorschläge für einen teilweisen Rückzug von den Golan-Höhen;
10. September: Syrien lehnt Rabins Plan ab, ist aber weiterhin aufrichtig bemüht, Frieden mit Israel zu schließen.

26. September: Premierminister Rabin gibt grünes Licht zur Errichtung von 1 000 Häusern in Alfei Menache, einer Siedlung in der Westbank. Die PLO protestiert gegen die Aufhebung des Beschlusses zum Einfrieren der Siedlungsprojekte.

26. Oktober: König Hussein von Jordanien und der israelische Premierminister Rabin unterzeichnen den israelisch-jordanischen Friedensvertrag in Wadi al-Araba. In Israel stößt der Vertragsschluss auf allgemeine Zustimmung, in Jordanien aber protestieren die islamischen Aktivisten. Die PA wendet sich gegen den Beschluss, dass Jordanien eine wichtige Rolle bei der Festlegung des endgültigen Status von Jerusalem und bei der Kontrolle der heiligen Stätten des Islam spielen soll. Im Gazastreifen und im Westjordanland wird wieder gestreikt.

7. November: Die al-Ibrahimi-Moschee dicht beim Erbbegräbnis in Hebron wird wieder eröffnet (siehe 25. Februar). Hier gibt es nun für Juden und Araber getrennte Eingänge.

18.–21. November: Dass die PA islamischen Aktivisten gegenüber nun eine härtere Linie fährt, führt zu Gewaltakten unter den Palästinensern, denen mindestens 12 Menschen zum Opfer fallen.

Oktober: Eine Serie von Hamas-Anschlägen belastet die Beziehungen zwischen Israel und der PA. Rabin macht Arafat für den Ausbruch der Gewalt verantwortlich.

20. Oktober: Israel schließt die Grenzen zum Gazastreifen und zur Westbank, obwohl Arafat sich von den Anschlägen ausdrücklich distanziert und anbietet, nach den Verantwortlichen zu suchen.

1. Dezember: Die erste Stufe der Übergabe der Verwaltungsaufgaben an die PA ist abgeschlossen.

10. Dezember: Premierminister Rabin, Außenminister Peres und PLO-Chef Arafat erhalten den Friedensnobelpreis.

25. Dezember: Selbstmordanschlag der Hamas in Jerusalem.

1995

2. Januar: Premierminister Rabin unterbreitet einen Kompromissvorschlag zu den baulichen Aktivitäten in der Efrat-Siedlung, die einen Konflikt mit den Palästinensern nach sich gezogen haben.

3., 9. und 19. Januar: Die Gespräche über die erweiterten Machtbefugnisse der palästinensischen Selbstverwaltung stagnieren. Der Zeitpunkt der Umgruppierung der israelischen Streitkräfte (vor oder nach den palästinensischen Wahlen) ist einer der Hauptstreitpunkte.

23. Januar: Israel schließt die Grenzen entlang der palästinensischen Gebiete und verhaftet Aktivisten der Hamas und des „Islamischen Dschihad“. Nach einem Anschlag in Beit Lid spricht sich Premierminister Rabin für eine Trennung von Juden und Arabern aus. Viele Palästinenser begrüßen diesen Vorschlag unter der Bedingung, dass er mit der Schaffung eines unabhängigen palästinensischen Staates verknüpft wird.

14. Februar: Israel und die PLO erzielen Einigkeit in der Frage der palästinensischen Präsidentschafts- und Abgeordnetenwahlen; Unruhen zum Jahrestag des Blutbads in Hebron.

16. Februar: Die Grenzen zu den palästinensischen Gebieten werden teilweise wieder geöffnet.

14. März: Die Gespräche zwischen Israel und Syrien werden in Washington wieder aufgenommen.

5. April: Die israelische Regierung präsentiert einen Sanierungsplan zur Rettung der Kibbuzim, der 2 Milliarden US-Dollar kosten soll.

9. April: Selbstmordanschläge der Hamas und des „Islamischen Dschihad“ im Gazastreifen. Die PA verhaftet 300 Aktivisten;

10. April: Die PA kündigt ihre Absicht an, militante Aktivisten zu entwaffnen. Israel reagiert recht skeptisch. Die Verhandlungen laufen weiter, aber die endgültige Unterzeichnung hängt von verstärkten Maßnahmen gegen den Terrorismus ab.

27. April: Die israelische Regierung teilt ihre Absicht mit, 54 Hektar Land in Ostjerusalem zu erwerben, um dort ein jüdisches Viertel zu errichten, verschiebt die Pläne aber auf den 22. Mai, weil der Koalitionspartner Meretz Widerspruch einlegt.

5. Mai: Es wird eine Übereinkunft über Struktur und Eigenschaften des Palästinensischen Rats erzielt.

24. Mai: Israel und Syrien werden sich in grundsätzlichen Fragen einig, so dass der Weg zu konkreten Verhandlungen geebnet wird, bei denen es um den israelischen Abzug von den Golan-Höhen geht. Am 25. Mai teilt Minister Peres mit, dass das Prinzip „Land gegen Frieden“ zur Anwendung kommen wird.

7. Juni: Anatolij Scharansky kündigt die Gründung einer Einwandererpartei an.

24. Juli: Einem Selbstmordanschlag auf einen Bus in Ramat Gan fallen sechs Menschen zum Opfer. Der Likud-Block fordert die Aussetzung der Friedensverhandlungen.

28. September: Das Interimsabkommen für die zweite Phase der palästinensischen Selbstverwaltung Oslo II wird in Washington unterzeichnet. Der Hauptpunkt ist die Erweiterung der PA-Verwaltung auf weitere sechs wichtige Städte. In Bezug auf Hebron wurde noch keine endgültige Entscheidung gefällt; Syrien, der Libanon, die *Hamas*, der „Islamische Dschihad“ und in Israel der Likud-Block kritisieren das Abkommen.

6. Oktober: Mit der knappsten denkbaren Mehrheit (61 zu 59) ratifiziert die Knesset das Oslo II-Abkommen.

16. Oktober: Die PA teilt den Zeitplan für den israelischen Abzug aus sechs Städten der Westbank mit. In Absprache mit Israel wird auch festgesetzt, dass die palästinensischen Wahlen vor dem 22. Januar 1996 stattfinden müssen.

4. November: Premierminister Rabin fällt nach der Teilnahme an einer Friedenskundgebung auf dem Kikar Malchei Yisrael („Königsplatz“) in Tel Aviv einem Attentat des extremistischen Studenten Yigal Amir zum Opfer.

6. November: Rabin wird auf dem Herzlberg bei Jerusalem beigesetzt. Die Weltöffentlichkeit nimmt regen Anteil.

10. November: PLO-Führer Arafat sucht Leah Rabin zu Hause auf, um ihr sein Beileid auszusprechen.

12. November: Zum Ende der Trauerzeit nach Rabins Tod versammeln sich 250 000 Menschen auf dem Königsplatz in Tel Aviv. Der Bürgermeister von Tel Aviv benennt den Platz in Yitzhak-Rabin-Platz um.

13. November: Der israelische Abzug aus Janin wird sechs Tage früher als geplant abgeschlossen.

21. November: Schimon Peres stellt sein neues Kabinett vor, das er jetzt als Premierminister führt.

27.–29. Dezember: Im US-amerikanischen Maryland werden die syrisch-israelischen Gespräche wieder aufgenommen, die Ende Juni ausgesetzt worden waren. Die Atmosphäre wird als „gut“ beschrieben.

Dezember: Die Übertragung der Verantwortung in der zweiten Phase der palästinensischen Selbstverwaltung ist bis auf den Rückzug aus Hebron abgeschlossen.

1996

20. Januar: Arafat kann bei den palästinensischen Wahlen einen haushohen Sieg für sich verbuchen: 88 % der Wahlberechtigten stimmen für ihn als Präsidenten. Die Wahlen schließen die zweite Phase des Friedensprozesses ab und folgen den Vorgaben der Prinzipienerklärung vom 13.9.1993 mit Ausnahme der Hebronfrage.

11. Februar: Premierminister Peres kündigt vorgezogene Wahlen an (29. Mai).

12. Februar: Yassir Arafat wird in Gaza als Präsident der Autonomiebehörde des Palästinensischen Rates vereidigt.

25. Februar: Zwei Selbstmordanschläge in Jerusalem und Aschkelon fordern 25 Todesopfer, 23 Israelis und 2 Amerikaner. Israel riegelt die palästinensischen Gebiete ab und setzt die Gespräche mit der PA aus. Israel und die USA fordern Arafat auf, härter gegen die *Hamas* und den „Islamischen Dschihad“ vorzugehen.

3. und 4. März: Weitere Selbstmordanschläge in Jerusalem und Tel Aviv. Arafat verbietet sechs palästinensische Milizen, darunter *Hamas* und „Islamischer Dschihad“. Die *Hamas* verspricht drei Monate Frieden; Israel setzt die Gespräche mit Syrien aus, weil Syrien sich weigert, die Anschläge zu verurteilen.

7. März: Eröffnungssitzung des Palästinensischen Rates in Gaza.

27. März: Yigal Amir, der Mörder Rabins, wird zu lebenslanger Haft verurteilt.

2. April: Die *Hamas* kündigt weitere Aktionen aus Protest gegen die PA an.

11.–27. April: Nach schweren Raketenangriffen der Hisbollah in Nordisrael beginnt Israel mit der Operation „Früchte des Zorns“ im Südlibanon, der größten militärischen Aktion seit 1993. Der Friedensprozess mit Syrien gerät in Gefahr;
18. April: Bei einem Angriff auf Kana wird das UNIFIL-Hauptquartier getroffen, 110 libanesische Zivilisten sterben; internationale Kritik;
27. April: Waffenstillstand.

24. April: Die Palästinensische Autonomiebehörde stimmt für die Entfernung der Abschnitte der PLO-Charta (1964, Neufassung 1968), die der gegenseitigen Anerkennung von PLO und Israel (September 1993) widersprechen. Organisationen wie *Hamas* und *Dschihad* verurteilen diesen Beschluss;
25. April: Im Gegenzug entfernt die israelische Arbeiterpartei den Abschnitt aus ihrem Programm, in dem es um den Widerstand gegen einen palästinensischen Staat geht. Jerusalem bleibt nach diesem Programm die „unteilbare“ Hauptstadt Israels.

5.–6. Mai: Im ägyptischen Taba beginnen die israelisch-ägyptischen Gespräche über den endgültigen Status von Westbank und Gazastreifen.

11. Mai: Das neue palästinensische Kabinett wird vorgestellt.

29. Mai: Oppositionsführer Benjamin Netanjahu (Likud) gewinnt die ersten Direktwahlen zum Amt des Premierministers.

17. Juni: Netanjahu bildet eine Koalitionsregierung mit den ultra-orthodoxen und religiösen Parteien (Schas, National-religiöse Partei, Vereinigtes Torajudentum) und Scharanskys Einwandererpartei.

18. Juni: Netanjahus Regierungserklärung umfasst unter anderem folgende Punkte: 1.) Verhandlungen mit Syrien ohne Abzug von den Golan-Höhen; 2.) Verhandlungen mit der PA, aber kein palästinensischer Staat; die israelische Armee hat das Recht einzugreifen, wenn die Sicherheit gefährdet ist; 3.) Ausdehnung der Siedlungen im Westjordanland, dem Negev, dem Gazastreifen, Galiläa und auf den Golan-Höhen; 4.) Jerusalem ist und bleibt die unteilbare Hauptstadt des Staates Israel.

21.–23. Juni: Arabischer Gipfel in Kairo, auf dem die Politik gegenüber Netanjahus Regierung festgelegt werden soll. Das Schlusskommuniqué enthält eine Warnung an Israel, alle bisherigen Vereinbarungen einzuhalten.

17.–18. Juli: Beim ersten Treffen mit dem jordanischen Premierminister und dem ägyptischen Präsidenten Mubarak teilt Netanjahu mit, dass er alle unterzeichneten Abkommen einhalten wird. Zum Prinzip „Land gegen Frieden“ äußert er sich nicht eindeutig.

23. Juli: Wiederaufnahme der israelisch-palästinensischen Gespräche.

August/September: Die Beschränkungen für Erweiterung und Neubau jüdischer Siedlungen werden gelockert;
12. August: Erweiterung bestehender Siedlungen im Westjordanland;
26. August: Erteilung der Genehmigung zum Bau von 900 Wohnungen in Kirjat Sefer bei Ramallah;
18. September: Genehmigung zur Erweiterung der ultra-orthodoxen Siedlung Mattayahu im Westjordanland.

29. August: Die Palästinensische Autonomiebehörde ruft zu einem Generalstreik auf, um gegen den Stillstand der Friedensverhandlungen und die israelischen Pläne zum Ausbau der Siedlungen zu protestieren.

4. September: Auf Druck der internationalen Gemeinschaft kommt es zu einem Treffen zwischen Netanjahu und Präsident Arafat. Israel gibt in dem letzten Punkt der „zweiten Phase“, der Frage der Umgruppierung der Armee bei Hebron, nicht nach (siehe Dezember 1995).

23. September: Die Öffnung eines alten Tunnelausgangs beim Tempelberg führt zu einem außergewöhnlichen Gewaltausbruch. Die Öffnung des Tunnels war immer verhindert worden, weil die Moslems aus religiösen Gründen starken Widerstand gezeigt hatten.

24. September: Arafat ruft die Palästinenser zu einem Streik auf.

25.–29. September: Unruhen im Gazastreifen und im Westjordanland. Die palästinensische Polizei gerät mit den israelischen Friedenstruppen aneinander;
26. September: Verteidigungsminister Mordechai ruft den Notstand aus;
27. September: Der Tunnel wird wieder verschlossen, am
29. September jedoch wieder eröffnet;
28. September: Zehntausende von israelischen Friedensdemonstranten in Tel Aviv forderten von Netanjahu, den Tunnel endgültig zu verschließen;
29. September: Eine Resolution des UN-Sicherheitsrates fordert unverzüglich die Einstellung aller Maßnahmen, die den Friedensprozess gefährden könnten.

6. Oktober: Die palästinensisch-israelischen Verhandlungen zur Hebronfrage werden wieder aufgenommen, führen aber in den folgenden Monaten zu keinem Ergebnis.

19.–23. Oktober: Der französische Präsident Chirac spricht sich für einen palästinensischen Staat und den Rückzug der Israelis aus den besetzten Gebieten aus.

13. Dezember: Die israelische Regierung billigt einen Plan zur besonderen finanziellen Unterstützung der jüdischen Siedler im Gazastreifen und im Westjordanland.

1997

1. Januar: Ein israelischer Soldat auf Urlaub schießt auf einem Markt in Hebron um sich. Sieben Palästinenser werden verwundet.

15. Januar: Nach monatelangen Verhandlungen sind sich Israel und die PA über die Umgruppierung der israelischen Armee in Hebron einig. Aus Protest tritt Benjamin Begin von seinem Ministerposten zurück (16. Januar).

17. Januar: Israel zieht den größten Teil seiner Einheiten aus Hebron zurück.

19. Januar: Präsident Arafat besucht das „befreite" Hebron und ruft dazu auf, keine Maßnahmen gegen die jüdischen Siedler zu ergreifen.

9. Februar: Arafat und Netanjahu treffen sich in Erez zur Fortsetzung der Gespräche. Eigentlich sollte das Treffen bereits am 6. Februar stattfinden, wurde aber wegen der Kollision zweier Militärhubschrauber verschoben, bei der 73 Militärangehörige ums Leben kamen.

26. Februar: Die israelische Regierung stimmt der Errichtung von 6 500 neuen Wohnungen in einem neuen jüdischen Bezirk, Har Homa in Ostjerusalem, zu. Scharfer Protest der Palästinenser und der arabischen Welt.

3. März: US-Präsident Clinton spricht sich gegen den Bau von Har Homa aus, legt aber sein Veto gegen eine entsprechende Resolution des UN-Sicherheitsrates ein (7. März).

7. März: Israel unterbreitet einen Vorschlag zum Rückzug aus der Westbank in drei Stufen. Nach der dritten Stufe würde Israel noch etwa 50 % des Gebiets kontrollieren. Die Palästinenser halten dem entgegen, dass dies einen Bruch vorheriger Vereinbarungen bedeuten würde. Etwa 90 % des Gebiets sollten sich nach Abschluss des Abzugs in ihrer Hand befinden.

11. März: Arafat bricht den Kontakt zu Israel ab.

18. März: Baubeginn von Har Homa, dem jüdischen Viertel in Ostjerusalem. Weltweite Proteste folgen. Die *Hamas* ruft zu einer neuen *Intifada* auf.

21. März: Am Purimfest fordert ein Bombenanschlag auf einer Caféterrasse in Tel Aviv 3 Todesopfer, etwa 40 Menschen werden verletzt. Die Grenzübergänge zum Gazastreifen und zur Westbank werden unverzüglich geschlossen.

29. März: Die arabische Liga beschließt, ihre Beziehungen zu Israel auf Eis zu legen.

4. April: Premierminister Netanjahu bittet darum, alle Streitfragen innerhalb von sechs Monaten auf einem Gipfel ähnlich dem von Camp David zu lösen (siehe 5.–18. September 1978). Arafat erklärt sich nur unter der Bedingung dazu bereit, dass Israel die Verhandlungsergebnisse als verbindlich betrachtet und den Bau von Har Homa und den Siedlungen stoppt.

16. April: Der israelische Außenminister Levi und Präsident Arafat treffen sich beim Europagipfel auf Malta. Das ist seit dem Har-Homa-Konflikt der erste Kontakt auf höchster Ebene zwischen Israel und der PA.

17. April: Chaim Herzog, israelischer Präsident von 1983 bis 1993, stirbt im Alter von 78 Jahren.

30. April: Die Grenzübergänge zum Gazastreifen und zur Westbank werden teilweise wieder geöffnet.

11. Mai: Am Vorabend der Feierlichkeiten zum Unabhängigkeitstag warnt der israelische Stabschef Matan Vilna'i vor der wachsenden Kriegsgefahr, die von Syrien ausgeht.

14. Mai: In der Arbeiterpartei löst Ehud Barak Schimon Peres als Parteiführer ab.

28. Mai: Die Verhandlungen über einen dauerhaften Frieden wurden verschoben und finden ab heute wieder hinter verschlossenen Türen statt;
8. Juni: In Kairo versuchen israelische und palästinensische Unterhändler noch einmal, über die Siedlungen zu verhandeln.

21. Juli: Das israelische Kabinett übersteht nur knapp ein Misstrauensvotum der Opposition. Die NRP hat sich nicht an der Abstimmung beteiligt, weil sie Netanjahus Taktik als Premierminister nicht zustimmt.

25. Juli: Die geplanten Bauten für Ras el-Amud in Ostjerusalem, von Bürgermeister Ehud Olmert angekündigt, werden von der Regierung für eine Zeit lang auf Eis gelegt. Die Haltung der Regierung in dieser Frage flößt den Palästinensern wieder ein gewisses Vertrauen ein. Nach gegenseitiger Billigung können die Gespräche über den Flughafen und den Hafen in Gaza sowie über die Reisefreiheit zwischen Westbank und Gazastreifen – Punkte einer dauerhaften Lösung für die palästinensischen Gebiete – wieder aufgenommen werden.

30. Juli: Ein doppelter Selbstmordanschlag der *Hamas* auf dem Gemüsemarkt Mahaneh Yehuda in Jerusalem fordert 18 Todesopfer, 157 Menschen werden verletzt.

31. Juli: Der Selbstmordanschlag in Jerusalem unterbricht die israelisch-palästinensischen Beziehungen. Israel riegelt die palästinensischen Gebiete hermetisch ab und weigert sich, Steuergelder der Palästinenser an die PA zu überweisen, solange die Autonomiebehörde sich nicht stärker für die Sicherheit einsetzt.

12. August: UN-Vermittler Dennis Ross erreicht, dass Israel und die Palästinenser in Sicherheitsfragen wieder kooperieren.

17. August: Arafat warnt Netanjahu vor einem Wiederaufleben der *Intifada*.

19. August: Syrien stationiert moderne T-50-Panzer in der Nähe der Golan-Höhen.

27. August: Auf internationalen Druck und wachsende Spannungen innerhalb der Stadt hin wird die vollkommene Isolation Bethlehems aufgehoben. Die restliche Westbank bleibt nach wie vor abgeriegelt.

4. September: Einem dreifachen Selbstmordanschlag der Hamas in Jerusalem fallen vier Menschen zum Opfer, 192 werden verletzt. Die Westbank und die palästinensischen Städte werden unverzüglich abgeriegelt, eine israelische Kommandooperation bei Sidon im Südlibanon schlägt fehl; 11 Menschen sterben.

5. September: Die israelische Regierung gibt bekannt, dass sie der PA keine weiteren Gebiete übergeben wird, solange Arafat es nicht schafft, den Terrorismus in den Griff zu bekommen. Damit schiebt Israel das Oslo-Abkommen erst einmal auf; Meinungsumfragen zeigen, dass sich 52 % der israelischen Bevölkerung für einen Abzug aus dem Südlibanon aussprechen.

10.–11. September: Die amerikanische Außenministerin Madeleine Albright besucht Israel. Sie fordert Arafat auf, noch härter gegen den Terrorismus vorzugehen, kritisiert aber auch Israel, das ihrer Meinung nach erklären sollte, zunächst einmal auf den Bau von Siedlungen zu verzichten und die wirtschaftliche Entwicklung Palästinas nicht zu behindern (bezüglich der nicht überwiesenen Steuergelder siehe 31. Juli 1997);

12. September: Albright besucht Syrien, kann aber keinen Durchbruch bei den syrisch-israelischen Gesprächen erzielen;
14. September: Israel öffnet die palästinensischen Städte wieder und überweist die Hälfte der Steuergelder; die Palästinenser wollen mit den israelischen Friedenstruppen kooperieren.

14. September: Eine Gruppe von israelischen Siedlern bezieht Häuser im arabischen Viertel Ras el-Amud in Ostjerusalem, die vom amerikanischen Millionär Irvin Moskowitz erworben wurden. Die Palästinenser, die Friedensbewegung und die Arbeiterpartei protestieren scharf. Als Kompromisslösung werden die Siedler durch Studenten ersetzt. Arafat und Ehud Barak von der Arbeiterpartei kritisieren Netanjahus Kompromiss als „Augenwischerei".

23. September: Die israelische Regierung veröffentlicht die Namen der an den Selbstmordanschlägen in Jerusalem Beteiligten. Sie stammen aus Asira al-Schamilija im Westjordanland und nicht, wie Arafat behauptete, aus dem Ausland.

29. September: Die Außenminister Israels und der USA und der palästinensische Unterhändler Abbas kommen überein, die Verhandlungen über den Hafen und Flughafen in Gaza sowie über die Befreiung palästinensischer Gefangener wieder aufzunehmen. Eine dauerhafte Friedenserklärung wird noch nicht erreicht. Der Ruf nach einem israelischen Rückzug aus dem Südlibanon wird stärker; 30 000 Israelis unterschreiben eine entsprechende Petition an die israelische Regierung.

30. September: Netanjahu erklärt, dass der Bau eines jüdischen Viertels in Har Choma wieder aufgenommen wird. Unter jordanischem Druck lässt Israel Scheich Achmed Jassin, den religiösen Kopf der Hamas, frei, nachdem in Amman ein Anschlag des Mossad auf Khaled Meshal, einen wichtigen politischen Vertreter der Hamas, fehlgeschlagen war. Da die beiden Mossad-Agenten, die den Anschlag durchführten, gefälschte kanadische Pässe hatten, kommt es zu Spannungen mit Kanada. Der Fall erregt international Aufsehen.

6. Oktober: In Gaza wird Scheich Jassin von zehntausenden Palästinensern als Held gefeiert. Israel lässt palästinensische und jordanische Gefangene frei und entschuldigt sich bei Kanada. Fortsetzung der Friedensgespräche zwischen Israel und den Palästinensern.

15. Oktober: Der sephardische Oberrabbiner Baksi-Doron sendet eine Botschaft an Scheich Jassin, in welcher er zum religiösen Dialog aufruft.

20. Oktober: Verhandlungen über den Bau eines Flughafens in Gaza führen noch zu keinen konkreten Ergebnissen. Scheich Jassin ist bereit, über einen Waffenstillstand zu reden, falls Israel sich bereit erklärt, sich aus allen besetzten Gebieten zurückzuziehen, sämtliche jüdischen Siedlungen räumt, alle Gefangenen freilässt und sich nicht in palästinensische Angelegenheiten einmischt.

21. Oktober: Wiederaufnahme der Kooperation über Sicherheitsmaßnahmen zwischen Israel und den palästinensischen Autonomiegebieten.

28. Oktober: Arabische Staaten wollen auf der Vollversammlung der Vereinten Nationen eine Dringlichkeitssitzung über die israelische Siedlungspolitik organisieren.

3.–6. November: Wiederaufnahme der Friedensverhandlungen zwischen Israel und den Palästinensern in Washington. US-Präsident Clinton drängt Premierminister Netanjahu zu Konzessionen, das Mandat von Außenminister David Levy ist jedoch begrenzt.

8. November: Eine Viertelmillion Menschen gedenken auf dem Rabin-Platz in Tel Aviv der Ermordung von Premierminister Rabin vor zwei Jahren.

13. November: In Übereinstimmung mit dem Abkommen von Oslo kündigt Arafat die Ausrufung eines unabhängigen palästinensischen Staates bis 1999 an, egal, wie das Ergebnis der Friedensverhandlungen sein wird.

14. November: Die UN-Vollversammlung verurteilt die israelische Siedlungspolitik, insbesondere die Verweigerung eines Baustopps in Har Choma.

16. November: Die Weigerung des Irak, den UN-Resolutionen zu seiner militärischen Abrüstung nachzukommen, führt zu starken Spannungen zwischen den USA und dem Irak. In den arabischen Ländern gibt es wenig Unterstützung für einen Militärschlag gegen den Irak. König Hussein von Jordanien fordert Premierminister Netanjahu für den Fall militärischer Handlungen zur Mäßigung auf (London, 18. November).

20. November: Die Europäische Union äußert sich extrem kritisch zur israelischen Friedenspolitik.

23. November: Bei Feuerüberfällen der Hisbollah und Amal im Südlibanon werden 8 Libanesen getötet.

30. November: Generalstreik der Beamten für höhere Gehälter und Pensionen; am 3. Dezember folgen 700 000 Arbeiter aus dem öffentlichen Sektor. Die Auseinandersetzungen dauern bis zum 7. Dezember an.

5.–6. Dezember: In separaten Gesprächen mit beiden Seiten ruft US-Außenministerin Albright Premierminister Netanjahu und Yassir Arafat zu „kühnen Entscheidungen" auf. Netanjahu erklärt, dass eine Kabinettssitzung über Rückzugspläne erst in einigen Wochen möglich sein wird. Nach Medienspekulationen ist er bereit, 6–8 % der besetzten Gebiete an die Palästinenser zu übergeben; die Palästinenser fordern 30 %.

11. Dezember: Der Islamische Gipfel in Teheran beschuldigt Israel des „Staatsterrorismus" und erklärt, dass Jerusalem ohne Wenn und Aber arabisch sei.

18. Dezember: Aufgrund von Meinungsverschiedenheiten im Kabinett legt Premierminister Netanjahu gegen die Wünsche der USA keine Vorschläge für einen Rückzug von der West Bank vor. Präsident Clinton fordert Netanjahu und Arafat für den Januar 1998 zu einem Gipfeltreffen in Washington auf.

26. Dezember: Budgetprobleme im Kabinett. Am 29. Dezember wird über die Möglichkeit von vorgezogenen Knesset-Wahlen spekuliert.

1998

2. Januar: Vermittler Dennis Ross versucht, die Friedensgespräche wieder in Gang zu bringen. Am 4. Januar führt die Budget-Regierungskrise zum Rücktritt von Außenminister Levy. Am 7. Januar droht Verteidigungsminister Mordechai mit seinem Rücktritt, falls die israelischen Truppen sich nicht binnen drei Monaten aus dem Südlibanon zurückziehen, entsprechend der von Israel angenommenen UN-Resolution 425.

9. Januar: Premierminister Netanjahu kündigt den Bau weiterer 30 000 jüdischer Wohnhäuser auf der West Bank an. Yassir Arafat warnt vor einer erneuten Intifada (11. Januar).

12. Januar: Die Regierung Netanjahu überlebt mit 54 zu 54 Stimmen einen Misstrauensantrag.

20. Januar: Treffen zwischen Präsident Clinton und Premierminister Netanjahu. Israel wird seinen Rückzug aus der West Bank fortsetzen, falls Arafat den Terrorismus bekämpft. Am 14. Januar beschließt das Kabinett, dass große Teile der West-

Bank, darunter die 144 jüdischen Siedlungen, unter israelischer Kontrolle bleiben sollen.

23. Januar: Nach seinem Treffen mit Präsident Clinton nennt Yassir Arafat die israelischen Vorschläge wertlos. Die Palästinenser verlangen von Israel die Rückgabe von 60 % der West-Bank. Aus einem Brief an Clinton wird der Schluss gezogen, dass die Artikel über die Zerstörung des Staates Israel aus der PLO-Charta entfernt worden sind.

28. Januar bis 9. Februar: Der Konflikt zwischen den USA und dem Irak über die Kontrolle der irakischen Abrüstung erreicht einen Höhepunkt. Die UNO fordert Israel auf, neutral zu bleiben und auf einen etwaigen irakischen Angriff nicht zu antworten. Israel erklärt jedoch, dass es das Recht habe, „auf jede Situation mit den nötigen Sicherheitsmaßnahmen zu reagieren". Am 2. Februar werden im Negev Raketen stationiert. Am 9. Februar gibt die UNO nach: Israel darf im Falle irakischer Raketenangriffe militärisch reagieren. Am gleichen Tag fallen 7 000 türkische Soldaten in den Nordirak ein.

18.–23. Februar: UN-Generalsekretär Kofi Annan kann im letzten Augenblick eine Militäraktion im Irak abwenden; am 23. Februar unterzeichnet der irakische Premier Tariq Aziz in Bagdad ein Übereinkommen zur Waffeninspektion im Irak. In Israel und den Palästinensergebieten kommt es zu wiederholten Spannungen. Arafat versucht, die pro-irakischen Demonstrationen in Ramallah zu unterbinden. Die Verteilung von Gasmasken in Israel stößt auf Kritik; die Opposition beschuldigt Netanjahu der Panikmache, um den Friedensprozess zu torpedieren.

Netanjahu schlägt Verhandlungen in Camp David zur endgültigen Lösung des israelisch-palästinensischen Konfliktes vor. Arafat ist zur Teilnahme bereit, falls das Abkommen von Oslo als Basis für die Verhandlungen fungiert.

25. Februar: Mossad-Chef Danny Yatom tritt zurück – wie es später heißt, wegen einer gescheiterten Aktion in Bern (Schweiz).

26. Februar: Bei Schusswechseln im Südlibanon tötet die Hisbollah drei israelische Soldaten.

4. März: Wiederwahl von Ezer Weizman zum israelischen Staatspräsidenten.

8. März: In einer öffentlichen Petition an Netanjahu fordern Reserveoffiziere der Armee und der Polizei einen Stopp des jüdischen Siedlungsbaus. Einer der über 1 500 Unterzeichner ist der pensionierte General Oren Shahor.

10.–14. März: Unruhen in Hebron, nachdem im benachbarten Tarkoumiya israelische Soldaten drei palästinensische Landarbeiter erschossen, die sich bei einer Straßenkontrolle geweigert hatten, anzuhalten. Premierminister Netanjahu bedauert im Fernsehen den Zwischenfall und drückt sein Verständnis für die Empörung der Palästinenser aus. Dank der Zusammenarbeit zwischen israelischer und palästinensischer Polizei können Ausschreitungen verhindert werden.

17. März: Entgegen früherer Übereinkommen besucht der englische Außenminister Cook die umstrittene neue Siedlung Har Choma in Begleitung einer palästinensischen Delegation.

22.–25. März: UN-Generalsekretär Annan besucht im Rahmen einer Nahost-Friedensinitiative Damaskus, Gaza und Israel. Themen sind u. a. der israelisch-palästinensische Friedensprozess und der israelische Rückzug aus dem Südlibanon.

30. März: Vermittler Dennis Ross versucht vergeblich, den Friedensprozess zu beschleunigen. Netanjahu lehnt die amerikanischen Vorschläge ab, die Vertreter der Palästinenser akzeptieren sie anfangs (3. April).

Der Erholungsort Eilat am Roten Meer tief im Süden Israels.

2.–9. April: Nachdem das israelische Kabinett am 1. April die UN-Resolution 425 (Rückzug Israels aus dem Südlibanon) angenommen hat, erklärt Verteidigungsminister Mordechai, dass dieser Schritt unabhängig von dem syrischen Rückzug aus dem Libanon sei. Die palästinensische Polizei verhaftet in Ramallah nach einem Anschlag auf einen Hamas-Aktivisten zahlreiche Hamas-Mitglieder. Die Terrororganisation gibt bekannt, dass Selbstmordanschläge von jüdischer Seite erfolgt sind (4. April). Ami Ajalon, Chef der israelischen Sicherheitsdienste, äußert sich befriedigt über Arafats Aktionen gegen die Hamas (5. April). Am 9. April verhaftet die palästinensische Polizei Hamas-Führer Abdel-Aziz Rantissi.

16. April: König Hussein von Jordanien besucht überraschend Premierminister Netanjahu.

30. April: Vor 12 000 Teilnehmern finden in Jerusalem die offiziellen Feierlichkeiten zum 50. Geburtstag des Staates Israel statt.

5.–10. Mai: Beratungen in London zwischen Netanjahu, Arafat und US-Ministerin Albright (5. Mai) führen zu keinen Ergebnissen. Die USA fordern alle Parteien auf, die Gespräche in Washington fortzusetzen, auf der Basis eines US-Vorschlags, nach dem Israel 13 % der West Bank räumen würde. Netanjahu will höchstens 9 % räumen und geht nicht auf Präsident Clintons Einladung zu direkten Gesprächen mit Arafat in Washington ein. Wachsende Spannungen zwischen Israel und den USA. Arafat ruft erneut auf zur Ausrufung eines unabhängigen palästinensischen Staates im Jahre 1999 (10. Mai).

14. Mai: Der palästinensische „Volkstrauertag 50 Jahre Israel" führt zu blutigen Unruhen im Gazastreifen und auf der West-Bank; vier Palästinenser werden getötet.

18. Mai: Ezer Weizman tritt seine zweite Amtsperiode als Staatspräsident Israels an.

19.–24. Mai: Premierminister Netanjahu dementiert Gerüchte über ein Einlenken Israels im Friedensprozess (19. Mai). Bei der Jom Jerushalayim-Feier zur Erinnerung an die Wiedervereinigung Jerusalems im Sechstagekrieg 1967 sagt er in seiner Rede vor den 30 000 Teilnehmern der großen Militärparade sowie 150 000 sonstigen Zuhörern, dass Jerusalem „für immer unser sein wird" (24. Mai). Arafat drängt darauf, den US-Vorschlag über den Gebietstransfer auf der

West-Bank (24. Mai) an die Öffentlichkeit zu bringen; dies geschieht schließlich am 4. Juni.

7. Juni: In Ostjerusalem beginnen an der Stelle, wo jüdische Immigranten ein neues Wohnviertel erbauen wollten, als Kompromiss archäologische Ausgrabungen.

11. Juni: Die israelische Regierung erlaubt Scheich Jassin die Rückkehr nach Gaza, trotz seiner Ausfälle gegen Israel auf einer Reise in arabische und islamische Länder.

21.–29. Juni: Die Entscheidung der israelischen Regierung, ein „Groß-Jerusalem" zu schaffen, das auch die jüdischen Siedlungen in der Region umfassen wird, die unter eine palästinensische Verwaltung fallen könnten, wird von den USA als „extrem provokativ" bezeichnet.

Am 29. Juni spricht sich Präsident Weizman im Fernsehen öffentlich für vorgezogene Wahlen aus. Er sagt, der Friedensprozess sei tot und die Beziehungen zu den USA zur Zeit sehr schlecht.

5. Juli: Treffen von König Hussein von Jordanien, Präsident Mubarak von Ägypten und Palästinenserführer Arafat in Kairo. Sie rufen Israel auf, den Plan eines Groß-Jerusalem fallen zu lassen.

7.–14. Juli: Am 7. Juli erklären Netanjahu und US-Außenministerin Albright, dass ein Abkommen zwischen Israel und den Palästinensern in greifbare Nähe gerückt sei. Eine Woche später erklärt Albright jedoch, sie könne zur Zeit wenig für den Friedensprozess tun. Ex-Premier Peres gibt bei einer Pressekonferenz in Amman zu, dass Israel eine Nuklearmacht ist (14. Juli).

19.–21. Juli: Wiederbeginn der Verhandlungen zwischen den Palästinensern und Israel. Netanjahu ist bereit, den US-Vorschlag anzunehmen und 13 % der West-Bank zu räumen, falls ein knappes Viertel davon (3 % der Gesamtfläche) zur Naturparkzone erklärt wird, die Israel kontrolliert und in der Israel sein Veto gegen palästinensische Bauvorhaben einlegen kann. Die Palästinenser lehnen diesen Vorschlag ab. Weitere, mühsame Beratungen.

27.–29. Juli: Netanjahu übersteht einen Misstrauensantrag. Er verspricht, während der Sommerpause der Knesset keine Schritte im Friedensprozess zu unternehmen. Am 29. Juli passiert ein Gesetzentwurf über vorgezogene Wahlen in erster Lesung die Knesset; drei weitere Lesungen sind erforderlich.

2. August: Die Palästinenser drohen mit dem Abbruch der Verhandlungen, falls in den nächsten Tagen keine Einigung erzielt wird. Israel bleibt bei seiner Forderung von 3 % Naturparkzone.

6. August: Heftige Kämpfe zwischen der Hisbollah und Israel im Südlibanon.

16. August: Arafat schiebt weitere Gespräche mit Israel auf.

17. August: Der für zahlreiche Terrorangriffe in Israel verantwortliche Abu Nidal wird in Kairo verhaftet.

19.–23. August: Ein von Ariel Sharon geführtes Komitee beschließt den Bau von 5 000 Häusern auf den Golan-Höhen. Nach der Ermordung eines Rabbi beschließt Israel eine Verstärkung des israelischen Viertels Tel Roemmeida in Hebron – eine politisch sensible Entscheidung, da das „von sieben fanatischen jüdischen Familien besetzte" Gebiet in unmittelbarer Nähe eines großen palästinensischen Viertels liegt.

24. August: In Oslo wird das fünfjährige Bestehen des Osloer Abkommens begangen. Ex-Premier Peres ist anwesend, Netanjahu nicht.

25.–30. August: Der Tod von Amal-Führer Hossam al-Amin, dessen Auto bei Sidon von einem israelischen Hubschrauber zerstört wurde, führt zu heftigen Raketenangriffen (Katouscha-Raketen) gegen Nordisrael. Am 26. August werden bei einem Bombenanschlag in Tel Aviv 21 Personen verletzt. Die Hamas dementiert jede Beteiligung, ein Berater Arafats verurteilt den Anschlag.

3.–7. September: Ein Streik von Beamten bringt das öffentliche Leben in Israel zum Erliegen.

8. September: Eine israelische Delegation diskutiert den Friedensprozess mit Präsident Mubarak von Ägypten, dessen Unterstützung des Rückzugsvorschlags wesentlich ist, um Arafat zu überzeugen.

9.–19. September: Vermittler Dennis Ross versucht vergeblich, die Friedensverhandlungen wieder in Gang zu bringen. Neue Spannungen, als Israel am 10. September zwei Hamas-Mitglieder (Imad und Adel Awadallah) tötet. Scheich Jassin kündigt „Gewalt ohne Ende" an, Israel schließt die Grenze zu West-Bank und Gazastreifen (11. September). Heftige Konfrontationen mit demonstrierenden Palästinensern in West-Bank und Gaza; in Tel Aviv gehen zehntausende Israelis auf die Straße, um gegen die Friedenspolitik der Regierung zu demonstrieren (12. September). Arafat ruft die arabische Welt zu Sanktionen gegen Israel auf (16. September). Die Grenze zu den palästinensischen Autonomiegebieten wird kurz geöffnet, jedoch am 17. September wegen des jüdischen Neujahrsfestes wieder geschlossen.

29. September: Treffen zwischen Präsident Clinton, Netanjahu und Arafat am Vorabend der UN-Vollversammlung. Arafat stimmt dem 13-4-Vorschlag zu: Übergabe von 13 % der West-Bank an die Palästinenser, wobei 4 % der Gesamtfläche Naturparkzone bleiben.

6.–7. Oktober: Nahost-Besuch der US-Außenministerin zur Vorbereitung des Gipfeltreffens zwischen Netanjahu und Arafat am 15. Oktober. Sie spricht von einem „neuen Geist"„ bei den Verhandlungen. Am 9. Oktober wird Ariel Sharon neuer Außenminister; er wird ein Abkommen dem rechten Flügel der Koalition gut darstellen müssen.

14. Oktober: Netanjahu und Sharon reisen in die USA, zu dem Gipfeltreffen in Wye River bei Washington. Große Waldbrände in Nordisrael.

14.–23. Oktober: Die Verhandlungen in Wye River ziehen sich nach einem Bombenanschlag auf eine Busstation in Beersheba hin. Auch König Hussein von Jordanien nimmt an den Beratungen teil (ab 20. Oktober). Am 21. Oktober droht die israelische Delegation mit dem Abbruch, falls keine Garantien einer Änderung der PLO-Charta erfolgen. Am folgenden Tag scheint es dank der Bemühungen von König Hussein und Präsident Clinton Fortschritte zu geben. Am 23. Oktober unterzeichnen alle Parteien das Wye-Abkommen, das einen Rückzug Israels aus den weiteren 13 % der West-Bank binnen drei Monaten, eine Änderung der PLO-Charta und ein schärferes palästinensisches Vorgehen gegen Terroristen vorsieht.

26. Oktober: Bombenanschlag auf einen voll besetzten Schulbus in Gaza. Es gibt zwei Todesopfer, von den Kindern wird keines verletzt. Israel riegelt daraufhin den Gazastreifen ab, die palästinensische Autonomieverwaltung stellt Scheich Jassin unter Hausarrest. Arafats Ministerium unterzeichnet das Wye-Abkommen (30. Oktober). Die Hamas droht mit Bürgerkrieg in den Palästinensergebieten (1. November).

1. November: In Tel Aviv gedenken 150 000 Menschen

der Ermordung von Premierminister Rabin am 4. November 1995.

2. November: Die Umsetzung des Wye-Abkommens wird um zehn Tage aufgeschoben, da Israel noch keinen Sicherheitsplan von den Palästinensern erhalten hat.

6. November: Bombenanschlag des Islamischen Jihad auf den Markt in Machanee Jehuda. Die beiden Täter sterben, es gibt 24 Verletzte. Als Reaktion schiebt Netanjahu die Durchführung des Wye-Abkommens auf und verlangt von den Palästinensern ein härteres Vorgehen gegen den Terrorismus.

11. November: Das israelische Kabinett stimmt dem Wye-Abkommen unter bestimmten Bedingungen zu.

11.–15. November: Erneute Verschärfung der Krise zwischen den USA und dem Irak. Der Irak erklärt sich in letzter Minute zu einer Wiederaufnahme der Arbeit der UN-Inspektoren an verschiedenen Einsatzorten bereit.

16. November: Drei israelische Soldaten sterben bei einem Bombenanschlag im Südlibanon.

17. November: Die Knesset akzeptiert das Wye-Abkommen. Die Meinungen innerhalb der Regierung und der Likud-Partei sind gespalten. Arafat erneuert seine Drohung, gewaltsam einen Palästinenserstaat zu schaffen.

20.–24. November: Israel beginnt mit der Umsetzung des Wye-Abkommens: Freilassung von 250 palästinensischen Gefangenen, Beginn des Rückzugs in der West-Bank (Jenin). In Gaza wird ein palästinensischer Flughafen eröffnet (24. November).

26.–30. November: Zunehmende Gewalt in der südlibanesischen Sicherheitszone lässt Netanjahu seinen Europa-Besuch abbrechen. Die Verhandlungen über die Freilassung weiterer palästinensischer Gefangener sind festgefahren.

2.–11. Dezember: Die Weigerung Israels, palästinensische Gewalttäter freizulassen, führt zu verschärften Unruhen in der West-Bank. Nach der Folterung eines Soldaten in der West-Bank stoppt Israel die Umsetzung des Wye-Abkommens (3. Dezember). Am 6. Dezember beginnen ca. 2 000 palästinensische Gefangene einen Hungerstreik; Scheich Jassin von der Hamas erklärt seine Solidarität und schließt sich dem Hungerstreik an (10. Dezember). Der Palästinensische Nationalrat schließt sich den von Arafat gegenüber Präsident Clinton vorgetragenen Vorschlägen zur Abänderung der PLO-Charta an.

13.–15. Dezember: Dreitägiger Besuch von Präsident Clinton in Israel und den palästinensischen Autonomiegebieten. Clinton sagt Israel bedingungslose Unterstützung zu, drängt aber auf Fortschritte. Der Palästinensische Nationalrat nimmt in Clintons Beisein die PLO-Charta zurück. Der Besuch führt jedoch zu keinen konkreten Ergebnissen für den Friedensprozess.

16.–19. Dezember: Operation Desert Fox (USA, England) gegen den Irak: schwere Bombardements strategisch wichtiger Ziele. Während Israel ruhig bleibt, kommt es in den Palästinensergebieten zu Großdemonstrationen für den Irak und gegen die USA.

21.–30. Dezember: Die Knesset verabschiedet den Gesetzentwurf über vorgezogene Wahlen (21. Dezember); als Datum wird der 17. Mai 1999 festgesetzt (29. Dezember). Zahlreiche Likud-Mitglieder kehren der Partei den Rücken, um für das Amt des neuen Premierministers zu kandidieren oder eine neue Partei zu gründen (so Verteidigungsminister Dan Meridor und Roni Milo, Bürgermeister von Tel Aviv). Ehud Barak von der Arbeiterpartei und David Levy (Gesher) bilden eine Allianz, in der Barak für das Amt des Premierministers kandidiert. Erneute Gewalt im Südlibanon und Nordisrael (23.–25. Dezember) lässt die heftigen Diskussionen über einen einseitigen Rückzug Israels aus dem Libanon wieder aufleben (29. Dezember).

1999

3. Januar: Ägypten und Jordanien raten Arafat, angesichts der israelischen Wahlen vom 17. Mai den Aufruf zur Gründung eines unabhängigen palästinensischen Staates aufzuschieben.

11. Januar: Ex-Verteidigungs- und Außenminister Moshe Arens (Likud) kandidiert für das Amt des Premierministers, aus Protest gegen Netanjahus Parteipolitik.

14.–18. Januar: Einer amerikanischen PR-Firma werden Informationen über die Wahlstrategie von Ehud Baraks Arbeiterpartei gestohlen (14., 18. Januar). Die palästinensische Autonomieverwaltung denkt an einen Aufschub der Ausrufung des palästinensischen Staates bis zum 31. Dezember. Israel greift Gebiete im Südlibanon an (14.–17. Januar).

24. Januar: Der entlassene Verteidigungsminister Mordechai tritt der Zentrumspartei von Meridor und Lipkin-Shachak bei.

26. Januar: Die Knesset koppelt die Rückgabe der Golanhöhen an ein Referendum; Netanjahu wird von der Likud als neuer Premierminister nominiert.

1. Februar: Aus Solidarität mit palästinensischen Gefangenen der Autonomiegebiete, die seit 17 Monaten auf ihren Prozess warten, beginnt Scheich Jassin (Hamas) einen Hungerstreik.

4.–9. Februar: König Hussein von Jordanien kehrt nach einem letzten Versuch, seinen Lymphdrüsenkrebs zu behandeln, aus den USA zurück und verstirbt am 7. Februar. Sein Sohn Abdallah wird zum neuen König proklamiert. Zahlreiche Staatsoberhäupter und Regierungschefs kommen zu den Trauerfeierlichkeiten, darunter auch Präsident Assad von Syrien, der sonst alle Anlässe, bei denen Israelis zugegen sein könnten, meidet. Präsident Weizman schüttelt Nayef Hawatmeh die Hand, dem Führer der fanatischen DFLP (Democratic Front for Liberation of Palestine), die das Oslo-Abkommen ablehnt.

14. Februar: Großdemonstrationen orthodoxer Juden gegen Beschlüsse des Obersten Israelischen Gerichtshofs, der die Befreiung von Studenten der Talmud-Universitäten vom Wehrdienst aufgehoben und Kibbuzläden die Öffnung am Sabbat erlaubt hat.

15. Februar: Die Arbeiterpartei (Avoda) stellt die Liste ihrer Kandidaten für die Wahl zusammen; die ersten drei Plätze gehen an Ehud Barak, Simon Peres und Shlomo Ben-Ami.

19. Februar: Yassir Arafat erklärt auf einer UNO-Konferenz, dass „ein Jerusalem ohne Mauern und Barrieren die Hauptstadt zweier Staaten sein kann".

23.–28. Februar: Die Spannungen im Südlibanon dauern an. Am 28. Februar werden der israelische General Erez Gerstein, zwei Soldaten und ein Journalist bei einem Angriff getötet. Der Vorfall führt zu einer Eilsitzung des Kabinetts (1. März).

2.–3. März: Uneinigkeit in der Regierung über die Südlibanon-Politik. Außenminister Sharon plädiert für einen einseitigen Rückzug, während Verteidigungsminister Arens ein schärferes Vorgehen gegen die Hisbollah fordert. Dem Rat der USA folgend, nimmt die Regierung schließlich von Militäraktionen gegen die Hisbollah Abstand.

5.–9. März: Die Arbeiterpartei, Gesher (David Levy) und Meimad (Avraham Burg) bilden eine Allianz unter dem Namen „Israel Eins". Auch die Rechtsaußenparteien schließen sich zusammen, unter der Führung von Benny Begin (Cheroet).

13. März: Das israelische Parlament erklärt, dass Israel eine Teilung oder Internationalisierung Jerusalems niemals akzeptieren wird.

15. März: Die Trockenheit im Nahen Osten wird zum Problem. Israel muss seine Wasserlieferungen an Jordanien reduzieren.

24. März: Ein Generalstreik von 400 000 Beamten bringt das öffentliche Leben in Israel zum Erliegen.

25. März: Die Europäische Union erklärt öffentlich ihre Unterstützung für einen Palästinenserstaat.

30. März: Nach einer Meinungsumfrage sind 55 % der Israelis für einen einseitigen Truppenabzug aus dem Libanon.

7. April: Israel unterstützt, wenn auch zögernd, die Politik der Nato in Jugoslawien. Über eine Luftbrücke werden mehrere hundert Tonnen Güter und Waren nach Albanien geflogen.

14. April: Der Führer der orthodoxen Shas-Partei, Arjeh Der'i, wird wegen Betrugs, Bestechung und Vertrauensbruch zu vier Jahren Gefängnis verurteilt.

20. April: Frankreich und die USA vermitteln zwischen Israel und dem Libanon bezüglich des von Israel besetzten südlibanesischen Dorfes Arnoun.

22. April: Die israelische Regierung ordnet die Schließung von drei palästinensischen Büros in Ostjerusalem an, darunter das Orient House.

28. April: Der palästinensische Generalrat kündigt an, die Entscheidung über die Existenz eines unabhängigen Palästinenserstaates nach den israelischen Wahlen zu treffen. Premierminister Netanjahu reagiert positiv.

3.–5. Mai: Wachsende Spannungen im Südlibanon. Der Wahlkampf in Israel verschärft sich immer mehr.

9.–11. Mai: Wachsende Spannungen wegen der von der Regierung angeordneten Schließung des Orient House. Der Oberste Gerichtshof ordnet schließlich den Aufschub der Schließung um eine Woche (d. h. bis nach den Wahlen) an.

17. Mai: Ehud Barak wird zum neuen israelischen Premierminister gewählt; Netanjahu kündigt seinen Rücktritt als Likud-Parteichef an. In der neuen Knesset hat Israel Eins 26 Sitze, Likud 19 und die orthodoxe Shas 17. Die Reaktionen aus dem Ausland sind positiv (USA, Jordanien). Syrien reagiert zurückhaltend positiv.

24. Mai: Beginn der schwierigen Koalitionsverhandlungen zur Bildung einer neuen Regierung. Barak schließt jede Kooperation mit der Shas aus.

27. Mai: Das alte Kabinett beschließt die Ausweitung der Stadt Ma'ale Adonim, womit diese an die West Bank in Ostjerusalem grenzt.

3. Juni: Unruhen in West Bank und Gaza-Streifen wegen der israelischen Siedlungspolitik. Ein Palästinenser wird getötet.

7. Juni: Die 15. Knesset tritt erstmals zusammen.

9. Juni: Husseins Sohn Abdallah wird in Jordanien zum König gekrönt (Abdallah II.).

15. Juni: Der verurteilte Shas-Chef Arjeh Der'i tritt zurück. Damit rückt eine große Koalition zwischen Israel Eins und Shas in den Bereich des Möglichen.

18. Juni: Barak kündigt an, dass er den Bau einer Autobahn zwischen West-Bank und Gaza-Streifen erlauben wird.

24.–29. Juni: Nach Raketenangriffen der Hisbollah auf Kiryat Shemona (24. Juni) bombardiert Israel Ziele im Libanon, wobei auch Wohngebiete getroffen werden. Syrien attackiert darauf Netanjahu, nicht jedoch Barak. Eine Woche vor der offiziellen Eröffnung des neuen Parlaments verlässt Israel das Internationale Libanon-Komitee, dessen andere Mitglieder Syrien, Libanon, die USA und Frankreich sind.

6. Juli: Die Knesset bestätigt die neue Regierung Barak. Barak ruft alle arabischen Länder auf, „den Frieden der Tapferen" anzunehmen. Am 8. Juli berichtet die syrische Zeitung Al Thawra, Assad teile Baraks Wunsch nach einem allumfassenden Frieden in der Region.

9.–14. Juli: Die ersten offiziellen Kontakte der neuen Regierung mit Präsident Mubarak von Ägypten (9. Juli), Yassir Arafat (11. Juli), König Abdallah II. von Jordanien (13. Juli) und Präsident Demirel (Türkei) sind sehr positiv. Barak sagt Arafat die Umsetzung des Wye-Abkommens zu. Israel tritt dem Libanon-Komitee wieder bei (13. Juli).

15.–22. Juli: Bei einem Besuch bei Präsident Clinton erklärt Barak, dass er vollständigen Frieden mit den Palästinensern und Syrien binnen fünfzehn Monaten anstrebe. Eine UNO-Konferenz nennt die israelischen Siedlungen in Palästinensergebieten illegal (15. Juli). Beginn der Vorbereitungen eines zweiten Rückzugs von der West-Bank (17. Juli). Syrien drängt die Hisbollah auf Zurückhaltung bei den Raketenangriffen auf Nordisrael (22. Juli). Die Hamas erklärt einen erneuten Krieg gegen Israel in der West Bank und im Gaza-Streifen.

25. Juli: Treffen zwischen Präsident Clinton, Barak und Arafat anlässlich der Beisetzung König Hassans von Marokko. Entgegen allen Erwartungen kommt Präsident Assad von Syrien nicht.

28. Juli – 8. August: Die Verhandlungen zwischen Israel und den Palästinensern über die Umsetzung des Wye-Abkommens geraten in eine Sackgasse. Barak bittet um mehr Zeit und verlangt eine Mäßigung der palästinensischen Politik; er versucht, den ägyptischen Präsidenten Mubarak für seine Position zu gewinnen (29. Juli). Arafat versucht seine in sich zerstrittene Partei auf eine Linie bezüglich des Friedensprozesses zu bringen. Am 8. August stimmt er Baraks Vorschlag, die Umsetzung des Wye-Abkommens bis zum 1. September aufzuschieben, zu. Im Gaza-Streifen verhaftet palästinensische Polizei drei ranghohe Hamas-Aktivisten.

17. August: In einem Feuergefecht mit der Hisbollah sterben zwei israelische Soldaten. Es folgen Luftangriffe gegen den Südlibanon. In Sidon explodieren zwei Bomben.

24. August: Israel und die Palästinenser erreichen Einigkeit über den freien Transitverkehr zwischen West-Bank und Gaza-Streifen sowie den Bau eines Hafens in Gaza.

27. August: Die Shas droht wegen eines Sabbath-Konflikts mit dem Auszug aus dem Kabinett. Der Streit wird mit einem Kompromiss beigelegt.

30. August: Die jordanische Regierung schließt das Büro der Hamas in Amman.

2. September: Ariel Sharon wird zum Parteichef der Likud gewählt.

4.–10. September: Israel und die Palästinenser erreichen ein neues Wye-Abkommen (Wye II bzw. Sharm-el-Sheikh-Abkommen, 4. September), das am 8. September von der Knesset bestätigt wird. Laut Ariel Sharon wird es zu „nicht endendem

Blutvergießen" führen. Am 10. September übergibt Israel den Palästinensern 7 % der West-Bank, nachdem es am Tag zuvor 199 Gefangene freigelassen hat.

13. September: Zu Beginn ihrer Verhandlungen zur endgültigen Beilegung ihres Konflikts nehmen Israel wie die Palästinenser in Erez eine starre Haltung ein. Die Palästinenser verlangen einen eigenen Staat mit den Grenzen von 1967, den Abriss der 144 jüdischen Siedlungen, die Rückkehr aller palästinensischen Flüchtlinge und Ostjerusalem als Hauptstadt. Israel weist diese Forderungen entschieden zurück.

17. September: Indiskretionen über ein angeblich sehr erfolgreiches Geheimtreffen zwischen Barak und Arafat. Außenminister Levy ist empört, dass er nicht von diesem Treffen unterrichtet wurde.

22. September: Jordanien verhaftet mehrere Hamas-Mitglieder und beschuldigt die Organisation, ihre Mitglieder in der Planung von Terrorangriffen auf Israel zu schulen.

25.–29. September: Auf der UN-Vollversammlung erklärt Arafat, dass es nur Frieden geben könne, wenn das Problem der palästinensischen Flüchtlinge gelöst, Jerusalem palästinensische Hauptstadt werde und Israel unverzüglich seine Siedlungspolitik einstelle (25. September). David Levy fordert Präsident Assad von Syrien zu Friedensverhandlungen mit Israel auf (29. September). Die Spannungen zwischen Nordisrael und Südlibanon verschärfen sich erneut.

5. Oktober: Einigung über einen Transitkorridor zwischen Gaza und West Bank.

8. Oktober: Die Freilassung einer weiteren Gruppe palästinensischer Gefangener verzögert sich. Israel weigert sich, des Mordes angeklagte Terroristen freizulassen, die zur Hamas oder dem Islamischen Jihad gehören.

11. Oktober: Die israelische Regierung gibt grünes Licht für den Bau einer umstrittenen Moschee in Nazareth. In jüdischen West Bank-Siedlungen sollen 2 600 neue Wohnhäuser entstehen; illegale Siedlungen sollen aufgelöst werden.

13.–21. Oktober: Zwölf illegale jüdische Siedlungen in den Palästinensergebieten werden aufgelöst. Die Räumung geht trotz der Proteste der Emigranten (18.–19. Oktober) weiter (21. Oktober). Israel lässt in Übereinkunft mit der palästinensischen Autonomieverwaltung 151 palästinensische Gefangene frei. Nach kurzer Verzögerung wird auch ein neues Übereinkommen bezüglich der Öffnung einer Transitroute zwischen West Bank und Gaza erzielt. Nelson Mandela besucht Israel (18. Oktober).

25. Oktober: Eröffnung der Transitroute zwischen West Bank und Gaza-Streifen. Oded Eran, der israelische Botschafter in Jordanien, wird Hauptvermittler für die abschließenden Verhandlungen mit den Palästinensern. Die Palästinenser kritisieren den späten Zeitpunkt der Ernennung zu Erans niedrigem politischen Rang.

1. November: In Oslo wird der Ermordung von Präsident Rabin am 4. 11. 1995 gedacht. US-Präsident Clinton kündigt ein Gipfeltreffen über die Palästinensergebiete an (2. November). Massive israelische Luftangriffe auf Hisbollah-Stellungen im Südlibanon.

4. November: Israel gedenkt auf dem Rabin-Platz in Tel Aviv des ermordeten Rabin. Angesichts anhaltender Gerüchte, dass Rabin das Opfer einer Verschwörung wurde, ist Premierminister Barak bereit, den Fall neu aufzurollen.

8.–11. November: Beginn der abschließenden Verhandlungen zwischen Israel und den Palästinensern (Ramallah, 8. November). Das israelische Kabinett erklärt sich bereit, weitere 5 % der West-Bank an die Palästinenser zurückzugeben. Die israelische Armee löst illegale jüdische Siedlungen auf der West Bank auf (9.–11. November).

14.–21. November: Israel und die Palästinenser kommen über den nach der Umsetzung von Wye II erreichten toten Punkt nicht hinaus. Streitpunkte sind eine zweite Transitroute, die an die Palästinenser zurückgehenden Gebiete und die palästinensische Haltung zum Terrorismus. Arafat erklärt eine endgültige Einigung für absolut unmöglich, solange Ostjerusalem nicht die Hauptstadt des Palästinenserstaates sei (21. November).

23. November: Eine arabische Zeitung (Al-Hayat) behauptet, dass Israel nach einem Brief von Clinton an Assad (5. Juni 1995) bereit gewesen sei, die gesamten Golan-Höhen zu räumen.

28. November: Trotz Protesten des Vatikans und anderer Kirchen geht der umstrittene Bau der Moschee in Nazareth weiter.

5. Dezember: Wetterexperten sagen einen ungewöhnlich trockenen Winter voraus. Die anhaltende Dürre des vergangenen Jahres hatte bereits zu Problemen mit der Wasserversorgung geführt.

13.–19. Dezember: Die Knesset gibt grünes Licht für erneute Friedensverhandlungen mit Syrien (13. Dezember). Die Gespräche beginnen am 15. Dezember in Washington; die israelische Delegation wird von Premierminister Barak angeführt. Beide Länder einigen sich auf eine ausführliche Fortführung der Gespräche ab 3. Januar (17. Dezember). Die Hisbollah verspricht die vollständige Einstellung ihrer Terrorangriffe, falls es zu einem Frieden zwischen Syrien und Israel kommt.

22. Dezember: Geheimtreffen zwischen Barak und Arafat, um den Friedensprozess wieder in Gang zu bringen.

27.–28. Dezember: Premierminister Barak macht die israelische Siedlungspolitik zur Chefsache: Alle Projekte bedürfen seiner persönlichen Genehmigung. Durch finanzielle Zugeständnisse an die Shas-Partei (u. a. bezüglich des religiösen Bildungswesens) wird eine Regierungskrise vermieden.

29.–31. Dezember: Trotz der am 19. Dezember gemachten Äußerungen der Hisbollah und versöhnlicher israelischer Gesten (Freilassung von fünf Libanesen am 26. Dezember; Übergabe der Asche von Hisbollah-Mitgliedern am 28. Dezember) erklärt der Führer der Hisbollah, Scheich Nasrallah, dass er Israel niemals akzeptieren wird, und droht mit einem „Blutjahr 2000".

2000

21.–26. März 2000: Papst Johannes Paul II. besucht als erstes Oberhaupt der katholischen Kirche das Heilige Land.

24. Mai 2000: Israel beginnt mit dem Abzug seiner Truppen aus dem Libanon.

25. Juli 2000: Erneute Verhandlungen über den endgültigen Status der Palästinenser-Gebiete zwischen Ehud Barak und Yassir Arafat (mit US-Präsident Clinton als Vermittler) gehen in Camp David erfolglos zu Ende. Allgemein wird angenommen, dass der Gipfel vor allem an den beiderseitigen Ansprüchen auf Jerusalem gescheitert ist.

12. Juli 2000: Ezer Weizman tritt aufgrund einer Spendenaffäre vom Amt des Staatspräsidenten zurück.

31. Juli 2000: Moshe Katzav, stellvertretender Premierminister im Kabinett Netanjahu, wird zum neuen Staatspräsidenten gewählt.